LOCUS

LOCUS

LOCUS

LOCUS

KODIKO

Know yourself, love yourself.

KK04 直覺力
作者：藍寧仕 (Dimitrios Lenis)
責任編輯：陳郁馨
美術編輯：何萍萍
內頁插圖繪製： Lupo
法律顧問：全理法律事務所董安丹律師
出版者：大塊文化出版股份有限公司
台北市 105 南京東路四段 25 號 11 樓
www.locuspublishing.com
讀者服務專線： 0800-006-689
TEL ：(02)87123898 FAX ：(02)87123897
郵撥帳號： 18955675 戶名：大塊文化出版股份有限公司
e-mail:locus@locuspublishing.com
行政院新聞局局版北市業字第 706 號

總經銷：大和書報圖書股份有限公司
地址：台北縣五股工業區五工五路 2 號
TEL ：(02)8990-2588(代表號) FAX ：(02)2290-1658
製版：源耕印刷事業有限公司
初版一刷： 2006 年 2 月
初版 7 刷:2013年11月
定價：新台幣 280 元

Printed in Taiwan

The Intuition

直覺力

藍寧仕醫師
Dr. Dimitrios Lenis ◎著

關於KODIKO

生命是一場複雜而奧妙的過程。人類自有歷史以來就在追問：「我是誰？我生下來有什麼用處？生命的意義何在？我如何把生活過得更好？」

古代的希臘人對此認眞追索，展現了人類追尋知識與哲學的最大努力。

希臘人相信，儘管人類的健康程度受到許多物質因素的影響，卻也需要考慮許多形而上的奧祕力量；生命，是由人的作爲、環境和命運共同組成，每一個人的生命都含有一組獨特的密碼。遵循自己的密碼來過生活的人，將可獲得健康、幸福與成就。若想得知自己的密碼，就要聽從太陽神阿波羅的教導，努力「認識自己」。

在希臘文裡，「密碼」一詞叫做KODIKO，因此我選它來當作我作品的系列總名。這個KODIKO系列將會涵融我二十四年來的行醫心得，把我在傳統醫學、另類治療、心靈與精神現象、烹飪、音樂和藝術方面領略到的「認識自己」的道理，整理成幾本著作。

讀了KODIKO系列的書，你將可以了解到是哪些因素在你身體裡起作用，又是哪些你看不到的、在你身體外的神祕力量對你發生影響。有了這些認識，你可以更清楚而深刻地認識自己，並明白爲什麼有些事會發生在你身上。

這些認識，將會幫助你活得更健康，活出自己的生命價值。

part 1
在夢裡找直覺

part 2
敏感度與直覺

part 3
巧合與直覺

讀完這本書，你會同意一句古老的智慧箴言：
「天下沒有巧合這回事。」

前言

我前一本著作《新生命密碼》是我構想中「生命三書」的第一部。這「生命三書」企圖說明如何把畢達哥拉斯（Pythagoras）的完整哲思結合科學新知，運用於現代生活。許多人在數字學（Numerology，即生命密碼）裡得到樂趣，並從中受益，但他們不明白，數字學其實是一套完整哲思裡的一小部分——這本《直覺力》就要引介那一套完整哲思。我希望讀者不但閱讀書的內容，也能把它加以運用，最重要的是能體察到許多無形能量對於生活產生的影響。

我們若能提高自己的敏感程度，並學著認識自己的潛意識所發出的信息，將可以擁有一種新的知覺，一種能趨吉避凶的通靈感應能力。

導論　感知遠多於思考

「直覺的心靈是一種神聖的天賦，理性的思惟則是忠實的僕人。我們已創造出一個尊崇僕人卻輕忽天賦的社會。」——愛因斯坦。

無論你是否自認聰明，你的大腦都遠比你想像的更令人稱奇。腦子是一種由錯綜複雜的神經細胞連結而成的東西。科學家致力於理解這些神經連結的結構，並試圖描繪其間關連與運作原理，但很快就發現這項企圖簡直是不可能的任務。腦部的各個部分都有特定的功能，分司記憶、肌肉活動、說出語言、理解語言和觀看等上千萬種功能，而這些部分都以令人眼花撩亂的線路交互連結。人腦裡面有一個網狀系統（reticular system），腦部各個部分都在這裡相互連結，所以根本沒辦法畫出一張神經連結的圖示。

科學家曾經希望能在腦部找到一種更直接的腦部線路，譬如類似電燈開關的裝置，一按下開關便可開燈或關燈。可是，如果我們依照頭腦的線路來架設房子裡的線路，那麼所有的電燈都會連結到所有的開關……這麼一來該如何控制我們所選定的那盞燈?網狀系統奧祕難測,必須繼續研究以求窺其堂奧於萬一。一般認爲,透過神祕的網狀系統連結,我們腦部各個部分都知道整個腦部其他部分、或是身體其他部分的動靜。

網狀系統,是我們的潛意識心靈(或稱爲無意識心靈)的關鍵。我們是運用意識來體驗感覺,來進行思考與做決定,來活動軀體;然而這些功能僅是腦部活動的一小部分。腦部絕大部分的活動,包括身體所有的自發性功能諸如心跳、呼吸、消化和數百萬種維繫生命所必需的功能,全部都由潛意識所操控。

此外,潛意識心靈也負責把全身上下數百萬知覺神經所攜帶的資訊傳送到意識中,使得我們知道發生了什麼事。我們的神經可以感知到身體各部位的精確位置、皮膚的感覺、周遭的熱度、振動、體內的血液流動、所有細胞的健康與福祉、環境裡肉眼看不見的無形磁場與電場,以及其他不勝枚舉的訊息——而其中有些訊息令人匪夷所思。例如,最近的研究顯示,假如有人盯著我們看,即使他是在我們背後,我們仍然可以察覺;還有,人居然可以感知到未來的事件!

這些訊息全都經由潛意識與網狀系統傳輸到腦子的各個部位,然後腦子立刻把全部訊息匯整成爲意識;意識則必須決定哪些訊息最重要,並剔除其餘無關緊要的部分。這就好比置身於一間吵鬧的咖啡館中,人聲鼎沸,然而如果你與朋友說著話,屋內的其他聲音似乎就消失，你會只專注於與朋友的談話。

我們的意識不斷在判斷著應該專注於何事，可想而知，最重要的焦點都是攸關生存的事情，譬如飢餓、痛、熱、危險。而一旦沒有危及生存的事情需要關注，則意識所關注的焦點多半是「學習」。經由人生體驗、教育、父母的管教、文化的影響和社會的規範，腦部學會了該關注哪些事情，又該拋開哪些訊息不管。

這種學習，從出生就開始了。我們呱呱墜地時，雖說眼睛已張開，卻還沒有眞正看到事物，因爲我們的腦子還沒有學會如何理解一切進入眼簾的訊息。我們把周遭的一切視爲一個大型的圖案，而不是空間中各自獨立的東西。長大後，我們漸漸學會了分辨各個物體，也能理解所看到的事物，這時我們才能選擇自己想要看什麼，並且專心看它。長大後，腦子也才漸漸學著專注於身體所傳來的訊息當中有用且重要的訊息。

想像一下你置身於咖啡館中，凝神聆聽友人的談話，這時後方有人大喊失火了，你會聽到嗎？如果你專心與友人談話，或許不會聽到那聲大叫；假如談話內容非常有趣，你說不定會一直到發現身旁的人們奪門而出了才察覺到情況不對勁。腦子的運作狀況與此有異曲同工之妙。

我們的意識心靈學到了應該要專注面對最重大的焦點，譬如：思考問題並爲此擔憂；分辨是否飢餓或口渴、有無尿意、身體有無重大病痛，以及其他攸關生存與安適的事情。這一類訊息有助於我們存活並因應迫切問題，然而，我們忽略了很多其他的訊息。這些「其他的」訊息，通常被冠上「靈異」（Psychic）之名，能得悉這些訊息的人被視爲具備特異功能，這些是極少數的人士。其實不然，我們只需要敞開腦子，看一看那些在一般情形下會被忽略的訊息，跨過意識所設下的樊籬，也就能擁有這種看似特殊的能力，開發自己的直覺、通靈能力或第六感。

通靈不是可怕的事

對某些人來說，聽到要「增強通靈能力」會覺得害怕，以爲這樣做會變成巫婆、遭到鬼怪攻擊、神智失常，或是出現其他荒謬無端的恐懼。然而，請仔細思考：能敞開胸懷接受我們腦子本來就擁有、而只是被忽視的訊息，其實是可以增加我們力量的。假如我們可以確切知道體內每一個細胞分別出了什麼問題，知道它們接受些什麼就可以抵抗疾病、維持健康；假如我們知道有哪些無形的力量（譬如電磁場，EMF）在傷害我們；假如我們知道身旁的人內心眞正的想法及感覺；假如我們能知道我們進行中的計畫在未來會造成何種結果——假如這些我們都能知道，那麼我們都可以及早採取行動，避開風險，迎向成功！

古今中外具有通靈能力的例子屢見不鮮。近年來國際媒體上也都報導刊載過各種身懷特異功能的通靈人士，這些人有的能協助警方偵破重大刑案，有人能看透別人的心思，有人可以洞燭機先（在冷戰期間，美軍曾經運用一套「千里眼」計畫，由通靈人士遙視刺探敵情），有人能用念力移動物體，或用透視力看透身體並辨認健康問題，還有人能未卜先知。

針對通靈現象所做的研究顯示，人腦具備許多目前無法解釋的能力，而我們只運用了它的一小部分潛能。那麼，我們該如何運用腦部尚未開發的部分？也許有人對於超自然訊息的感應力比較強，或者比較容易開發這種感應力，然而事實上**每一個人的腦子都可以藉由潛意識來接收這方面的訊息**——只需要學著留意這些本來就存在的訊息，開放心胸去接受它們；只要我們可以體認到，日常經歷、感覺或知覺感受原來都是來自直覺的訊息，就可以做到。（如果你對此不以為然，先讀完這本書再反駁。）

我在Discovery電視頻道上看過一部紀錄片，報導了一場關於靈學（parapsychology）的實驗，顯示人人都具有通靈能力。在片中，正常人坐在監測器前，觀看各種不同的照片，而機器監測著他們的心跳及排汗程度等各種生命跡象。展示的照片分成兩類：一是正面的影像，例如美女圖，另一類是負面的影像，例如蛇。人們看到了正面影像時，心跳會變慢，排汗的程度會降低；看到負面影像時，心跳與排汗程度都會提高。正面與負面影像以隨機方式出現，因此沒有人知道他們接下來會看到哪一種照片。令人訝異的是，

我的親身經驗

在撰寫這本書初稿的期間，我有一次必須從台北搭飛機前往雅典，打算休息幾天適應時差之後，搭船前往薩摩斯島（Samos），在那裡寫作。我在清晨六點左右抵達雅典，準備查詢船班，以便規畫接下來的行程。我決定前往雅典的帕勞斯港（Piraeus）拜訪我一個在旅行社工作的表弟，他一大早就上班了。

那天雅典很熱，經過長途飛行的我來到了海港，呼吸了新鮮的海風，觀看了過往船隻之後，精神一振，發現自己已經沒有時差問題。於是我準備前往薩摩斯島。我表弟說，我可以在那天晚上上船，隔天清晨五點到達薩摩斯島；我也可以多等一天，搭渡輪，在上午十點抵達薩摩斯。

表弟建議我搭乘當晚的船班。我確實想趕緊上路，但想到清晨五點抵達薩摩斯島，店家尚未開門，我必須等候七個小時才能進入旅館房間。因此我決定搭第二班的渡輪。做了決定後，我便與幾位雅典的友人一起吃飯，餐間我向友人提起了我的行程，飯後我依照希臘的習慣去睡午覺。

我躺上床，覺得筋疲力竭。睡前，我腦中出現的最後一個念頭是：不必在當晚就趕往薩摩斯島，眞好！睡了幾分鐘後我忽然醒來，滿心焦慮，覺得應當趕快離開那棟建築物。這念頭一直盤桓在我心上，揮之不去。我不曾出現過這種感覺，所以我認爲是我的直覺在警告我：我應當立刻前往薩摩斯島。於是我又打了電話給表弟，請他更換船票，我要當晚啓程。

一登船，我的焦慮感立刻消散。清晨五點，我抵達薩摩斯島，店家都未開門，我坐在一家咖啡館外的空椅子上，百無聊賴，不禁懊悔太早上路……心想自己是不是太迷信了？我前一夜的焦慮感說不定完全沒有別的含意！

在旅館辦妥住宿登記，到海灘走一趟看了美景，我的靈思如泉湧，時差和搭船前來又枯等許久所造成的疲憊也已拋到九霄雲外。隔天清晨我被手機鈴聲驚醒，是與我在雅典一起吃飯的友人。她以驚惶的語氣問道：「你還好吧？」我說：「很好啊。怎麼了？」她說，開往薩摩斯島的那艘船在晚上十點二十分沉沒（那天是二〇〇〇年九月二十六日，星期二）……正是我原先告訴她我打算搭乘的船班。

「薩密納特快號」(Express Samina) 渡輪在帕洛斯島 (Paros) 附近觸礁，造成八十二人罹難。那是希臘三十五年來最悲慘的船難。我朋友說我這本書是註定要寫出來的，否則我就會搭上那艘船！那場船難後，希臘的所有船隻與渡輪全都停駛一個星期，接受安全檢查。我假如沒有提前一天前往薩摩斯島，我可能就會搭上那艘觸礁的渡輪，或者被困在雅典！

在出現負面影像之前，受測者的心跳速度與排汗程度都會提高。不知何故，受測者竟然知道接下來會出現負面影像！他們的直覺發揮了功能，發出訊息並造成身體的變化。

很多人有過經驗，正想打電話給某人，那個人就打電話來了；夢中出現的景像後來竟然成眞；對某人的第一印象日後證明相當正確；對某事的直覺或預感在事後應驗。徵信業者和警界人士知道，遵循直覺而行，經常可以讓案情水落石出。有些股市投資人知道，假如依循直覺，往往更能掌握股市的漲跌。

許多人有過親身經歷，曾因爲某種預感或心情而得以逃過一劫，雖然這種驚險情節並不常見。比較重要的是，我們的直覺力可以告訴我們該如何維持健康，並協助我們在生活裡做各式決定。如果我們知道自己的免疫系統需要哪些營養，知道是什麼因素在傷害我們，而什麼因素可以增強我們的復原能力——那麼我們就可以百病不侵，把自癒能力發揮到極致。如果我們知道做出哪一個選擇是對我們最有利的，我們就可以主宰命運，而不是臣服於宿命！

從解夢開始鍛練直覺力

既然可以運用直覺力來維持身體健康，甚至可使自己或至親好友免於危難，我們似乎沒有理由不去開發直覺力。問題在於：從哪裡開始？

剛開始開發直覺力時，會覺得似乎難如登天。這主要是因爲我們還不明白直覺的內涵。說到了直覺，大部分人想到的都是讀心術、心電感應、未卜先知之類的特異功能。這些能力也許是來自直覺，但不是初學者所能企及的能力。我們總得先學會走路才能跑步。而我們是如何學會走路的？我們一開始是在床上扭動，然後能夠翻身，然後坐起身來，接著學習爬行，學習站立，最後，經過一番努力才踏得出第一步。

開發直覺力也一樣，必須從頭開始，先找出我們曾體驗過直覺訊息的經驗，從這些地方開始運用。日常生活中哪裡可以獲取直覺訊息？事實上，不拘場合與時間，直覺訊息俯拾皆是，我們就從最簡單的形式開始：睡眠與做夢。

很少人知道，做夢是來自潛意識的重要溝通方式，也因此是我們直覺力的重要部分。對於能記得夢境的人來說，了解夢境的含意就是在開發直覺力，而這很容易做到。至於對那些自認不做夢的人來說，想開發直覺力必須先學習記住夢的細節。這一點都不難，因爲事實上人人會做夢，只不過不是每個人都記得自己的夢境。沒有人在睡眠中是不做夢的！

夢中的訊息可以幫助你理解生活中發生的大小事，由潛意識發出的訊息可以讓你進一步知道你的身體狀況，而它往往不是你以爲的樣子。夢境對於你的身心關連、情緒健康、身體的健康與需求都可以提供強有力的訊息，甚至可以對你正面臨的棘手問題提供解決之道——讓你得以做出重大改變、紓解壓力、維持健康、改善生活品質。

提高敏感度

聆聽來自夢境的訊息，對於潛意識的其他訊息更加敏銳之後，會帶領你邁向開發直覺力的第二步：**學習著對自己身體的變化更加敏感**。我們的身體狀況隨時在變化，然而大家對此並不留意。控制身體各種動作協調的部位是小腦，這是腦部的一塊特殊區域，也是潛意識心靈的一環。罹患帕金森氏症的人動作很僵硬，這正是動作失調的例子。

肌肉一旦喪失了協調能力，便會全身乏力，也會犯錯。這現象好比體育術語「主場優勢」(home advantage)：球隊在主場比賽時，觀衆爲他們加油，球員的身體動作會更加協調，表現也會更出色。這種優勢可以讓球隊贏得比賽……除非對手的實力實在太強。啦啦隊的功能就在於強化潛意識的動作協調效能。由此觀之，啦啦隊可以說是肌肉協調治療師！

知道了肌肉協調力會受到潛意識的影響之後，你可以選擇要更敏感於這些身體變化；你的敏感度越高，你就更能清楚得知自己的身體和環境對你所造成的影響。本書稍後會介紹許多技巧來幫助你提高這方面的敏感度。

前兩階段（解夢與提高敏感度）的功用，是強化你對於身心細微變化的敏感度，隨著這種敏感度的增強，就進入了第三階段的直覺力開發。

在致力於調整飲食、解決人際問題等有助於提升生活品質的改變時，我們會變得更冷靜，最重要的是會變得更注重精神層面。我們會開始尋求生命的意義，對未來設定目標，也覺得彷彿找到了自己的命運。我們的人生目的會更明確，面對壓力時更坦然自若，也更能享受生活。這將會引領我們進入新一層次的意識，更高一層次的敏感度。在這個層次，我們不僅會注意夢境的內容和身體的活動，也開始注意其他變化。

辨認巧合事件裡的含意

我們會開始注意自己身體內和周圍環境裡的所有變化，譬如發現某種思緒突然浮現、渴望獲得某種經驗、情緒突然變化、忽然覺得疲憊、腦中閃過一個念頭，或者是五官所感受到的任何變化——這一切全都蘊含深意。我們注意到了這些變化，試著思索它們爲何會發生，試著理解它們的含意，然後用這些領悟來微調我們自己對於體內變化或環境變化的認知。用這種方式，我們便是把直覺訊息當作工具，用它來創造美好人生。

隨著這第三階段的敏感度逐漸增強，我們會開始留意到事情爲什麼會湊巧發生。譬如當我們坐在餐廳中思索某個問題時，服務生打翻了一盤菜，這兩件事之間有什麼關連嗎？觀察到了事件的巧合發生之後，我們會看出模式，會了解爲什麼事件的發生看起來似乎純屬巧合。有了這種認知，我們會對人生和命運產生更超越的理解，會對生命感到滿足，不再覺得孤單，最後可以獲得深邃的寧靜──那經常被描述成「涅槃」的生命終極境界。

許多通靈人士可以到達這種第三層次，但如果他們沒有開發前兩種層次的敏感度，就無法運用他們的慧眼改善自己的生活。所以許多通靈人士的身體狀況極差，人際關係不睦，經濟狀況困窘。如果他們眞的像自己所宣稱的那般法力無邊，他們應當是全世界最健康、最快樂、甚至最富有的人……他們只要預測出樂透彩的號碼不就得了！

許多傳授直覺力的書籍或老師不會強調要先開發前兩種層次的能力，而是直接教導更高層次的直覺技巧。然而，這會使直覺力的訓練變得極其抽象而困難，不是一般人所能企及。此外，也鮮少有人說明如何運用直覺訊息來實際改善個人的生活。

□

在這本書裡，我試著列出在開發直覺力過程中的實用基本訓練及理論，也引導讀者把這方面的資訊運用在日常生活中。我鼓勵你進一步研讀有關身體免疫系統治療機轉的書籍，深入了解自己的性格和情緒模式、並追求心靈上的成長，因爲這些是你在設定人生方向時的模型。我的著作和訓練課程的主旨都在於提供這方面的資訊，不過你可以多多研讀其他人的說法，讓自己更能依照你的個人需求而加以靈活運用。

請記住，開發直覺力是一件需要一輩子努力的工作。你可能會一陣子有進展，然後就荒廢下來，隨後又因健康不佳或心情鬱鬱寡歡而又想要開發直覺力。在運用直覺的時候，你或許會接收到你不喜歡的訊息，或是必須做出一些很難做到的改變；無論如何你都不要排斥改變。居住在一個不得不遵循規矩的世界，大家吃相同的食物，過相似的日子，依循同樣的文化，然而每一個人其實都是與衆不同的，需要不同的食物和生活方式。你必須自己找到適合你自己的途徑。

幾千年前，追隨太陽神阿波羅（Apollo）的信徒表示，人生最重要的事莫過於「認識自己」。唯有知道了自己的特性，認識到自己需要以什麼來維持健康，採行哪一種生活方式來讓自己快樂，應當設定什麼樣的人生目標才能把潛力發揮到極致，讓自己到了臨終那一刻都能覺得此生確實滿意。

認識自己的終極方法只有一個：開發自己的直覺力，運用來自你腦部最深邃部位的資訊來了解你自己的內在狀態和外部的作用力。一旦了解了自己，就必須接受自己，並做出相應的改變。這意味著可能要重新展開人生，勇敢面對別人，扭轉你多年前的錯誤決定；這也許會令很多人感到惶恐，做起來也困難重重。不過，這樣做最終可以使你堅強獨立，讓你有勇氣與信心面對挑戰，而人生裡的挑戰可眞不少。

part 1
在夢裡找直覺

Can dreams really predict the future? Right now, the research points to yes as the answer. Later in this book you will read about some new theories about the nature of time and how we could have interaction with possible futures … don't worry this get's very complicated and confusing. According to these new theories, information from the future could be traveling backwards in time but only have the power to influence things that happen by coincidence, not predictable, like the result of flipping a coin.

第1章　夢裡的直覺

「妳看來很眼熟。妳不就是我夢中那個女孩？」

——佚名

你每一次睡覺都會做夢，不管你記不記得你的夢——這是已獲證實的科學事實。事實上，若沒有夢，你會覺得沒睡好。而夢到底有何含意？夢，只是我們的想像力發揮作用之後的結果，還是確有深奧的意義？

古希臘人相信，夢可以揭示疾病的原因，並指出該如何治療疾病。病人就睡在治療之神阿斯克勒皮厄斯（Asclepius）的神殿裡，由祭司爲他們解讀夢的含意。希臘人相信，夢可以說明人爲何會生病，又應該如何治療。這套解夢方式頗有療效，因而持續了幾千年，並且在這些具有醫院作用的神殿附近形成了聚落城鎮。

同樣在古希臘，今人稱爲「西方醫學之父」的希波克拉底（Hippocrates），寫下了關於夢境解析的醫學文獻。希波克拉底認爲，夢可以說明身體的健康狀況與生活所面臨的課題，他並且運用這些線索來對症下藥。

近代的心理學家佛洛伊德（Freud）相信，夢可以讓人窺見潛意識心靈，了解心理問題，所以他的心理治療很看重夢的解析。從他開始，各式各樣的學者專家紛紛鑽研夢的意義，如今我們對於夢逐漸有了深刻的認識。我們確知，夢確實是有含意的，也知道夢境千變萬化，含意各不相同。

今日的心理學家多半會同意一個說法：**夢，事實上是心靈深處的一種溝通方式**，出於我們的直覺，透露了我們身體裡的狀況和隱藏的感覺與情緒，在無意識間影響著生活品質。

有些夢說出了我們未能滿足的需求，例如在節食期間夢到了食物。有些夢爲我們日後可能會面對的問題提出了解答。譬如愛因斯坦說過，他的相對論乃是肇因於一場夢；大發明家愛迪生也曾說，他是在夢中發明了電燈。促成了人類基因圖譜及早描繪完成的基因科技，來自於一位科學家夢到了他沿著ＤＮＡ的螺旋體在滑雪，看到了某個東西，因而發現了人類基因的奧祕。

此外，儘管有學者抱持懷疑態度，但人類有歷史以來就記載了有人能藉著夢做出預言，其中最知名的當屬《聖經》中幾處記載了託夢來傳達預言的故事。以色列的利未人

（Levite）顯然是被上帝選中了來當先知及祭司的民族，他們有一所學校在教導大家如何解夢。歷史記載，凱撒大帝的妻子做了個夢，警告凱撒不要在某日前往元老院，否則會遇刺，而此夢竟成讖言。已故美國總統雷根在遇刺前也做過遇刺的夢。至於預告了地震、刑案、桃花運和疾病等等事件的夢，不勝枚舉。

夢真的可以預知未來嗎？目前的研究結果顯示，答案是肯定的。讀者在本書裡將會讀到幾個針對「時間」的性質所提出的新理論，以及我們如何與未來互動。依據這些新理論，來自未來的訊息可以回頭發生，往時光裡倒流，但只能影響到那些湊巧發生而無法預期的事，例如投擲銅板的結果。

如果夢是隨機形成的，它們就可能蘊藏著與未來有關的訊息。信不信由你，研究顯示，腦子在清醒時的運作是依照規則在進行的，會想辦法把傳輸進腦裡的訊息理出頭緒，並且協調肌肉活動；但入夜後，腦部的運作方式就完全不同了，是依照無法預測的方式，用純粹隨機的方式產生夢境。由此說來，夢確實可以透露未來。夢，是天生的預言系統。

想了解夢的含意必須經過長久的練習，而這是很值得的練習。夢，每天晚上都會自動出現，它們是獲得直覺知識的最簡便來源。這樣豐沛的資源，不多加利用實在太可惜。對於夢的理解，牽涉到三個層面的課題：夢的內容、做夢的時間，以及夢的詮釋。以下就分別仔細描述這三層面的認識。

記住夢的內容

想了解夢的含意，首先要記住夢的內容。如果你醒來之後就不記得前一夜所做的夢，最好的辦法是在床邊擺一部錄音機或一副紙筆。你醒來後先不要動，保持同樣姿勢，讓你的想像回到夢中的影像。一開始不容易做到，但經過訓練後便可以逐漸熟練。有時你只記得一種感覺、一幅影像或一個聲音；你所記得的這個唯一的東西，是有含意的，你應該把它記下來，這可以鼓勵你的腦子繼續記住你做的夢。

爲了讓夢很清晰，而且容易記住，你一定要擁有充足的睡眠。如果你不是自然醒來，而是被鬧鐘或其他事物吵醒，你對於夢

我要記住我的夢！

有些人在睡覺前會提醒自己：「我要記住我的夢。」要用很愼重的語氣對你自己說出來。也要在床邊的筆記本上寫下「我會在隔天早晨記住夢境」的字句。隔天醒來時，你很有可能就會記得夢裡的某些細節。

假如一時記不住，請別放棄，多多嘗試，把它當成一種習慣，每天睡前告訴自己一定要記住夢境，並把它寫在筆記本上。這一招遲早會奏效！

的記憶就會消失。幾個方法可以幫助你記得夢的內容：每天在同一時間上床睡覺，並且自然醒來。如果臥室的光線太亮，你會被驚醒而且不記得你的夢，所以最好使用好一點的窗簾，讓臥室暗一些，或者戴眼罩睡覺。

另一個重點是，醒來之後，不管你是什麼姿勢，都保持原狀，不要動，讓思緒停留在你剛才的夢境……讓夢境盤桓一會兒。夢是腦子裡的化學物質所造成的，如果你移動了頭部，那些化學物質會混在一起，這就使得你尚未回想並記住的夢境消失。在睡前服用一錠維他命B6有助於回想夢境。

做夢的時間

除了記住夢的內容之外，你還必須記得那個夢是你在睡眠過程的哪一個時段所做的。腦子似乎會遵循一種獨特的做夢模式，可約略分為三個時段：一是剛剛入睡時，二是半夜，三是早上即將醒來之前。

在剛剛入睡時，腦部通常會**反映往事**。這個時段所做的夢都與往事有關。

我曾經在加拿大的電台主持過一個關於夢境解析的廣播節目。有一次，一位聽衆打電話進來，說到他在剛入睡那段時間經常會夢到有東西在敲擊他的頭，夢境逼眞無比，他總會驚醒。我問他以前是否受過創傷，而到現在還沒有痊癒？受過各種創傷的人，會做各式各樣的夢，包括夢到軍人從戰場返鄉。那位聽衆不記得自己曾受過創傷，然後就掛了電話。一小時後他再度來電。他說他打電話向父母詢問他是否曾遭受任何傷害而他自己不知道，他父母說，他在襁褓時期曾經頭顱破裂！

過了初入眠階段，腦部接下來處理的是**正在影響你生活的問題**。因此，半夜裡的夢大都與目前情勢有關。一般的夢大都屬於這一類。這是我們面對眼前挫折的一種方法。例如，正在節食的人會夢見自己在吃東西，有性需要的人會做春夢，試圖解決問題的人則或許會夢到正在解決問題，如果快要感冒了，可能會夢到房子失火。

出現在這個時段的夢，說出了我們在目前生活中眞正的感受，不管我們自己意識到的感覺是什麼。換句話說，如果我們覺得疲憊而壓力沈重，但我們做了好夢，那表示我們的辛勞將會有所回報。另一方面，如果我們認爲情況順利，但不斷在這個時段出現惡夢，這表示並非萬事如意，我們的某些作爲會帶來重大的負面作用，也許是有害健康、計畫受阻，或者身邊會有人受傷。這樣的夢是一種警訊，提醒我們應該進一步檢視自己的行爲，並做若干改變。

至於在清晨醒來之前所做的夢，大抵是在告訴我們**未來會發生什麼事**。這所謂的未來，通常是即將到來的一天到七天，但偶爾可以預言一年後或甚至更久之後的事。假如想知道夢中出現的未來到底是距今多久，必須多多練習，每天留意所做的夢，並把這些夢與已經發生的事做連結。如此練習一段時間之後，你將會發現自己的腦子所依循的模式是什麼。有些人所夢到的未來總是一天後的事，有些人是兩天後，但也可能隨時在變，所以必須多加練習才能知道確切時間。夢是你的預警系統，若不予理會，說不定會招來危險。

許多人在地震及其他天災發生之前會做惡夢。我在二〇〇四年夏天前往希臘，原本打算順道造訪義大利，也預先購妥機票。某天清晨我在快醒來之前做了個夢。我夢見我所投宿的地方遇上強烈地震，整座城市都垮了，不過我的住處躲過一劫。我從夢中驚醒，隨後去吃早餐；天空開始飄起小雪。我不以爲意，直到看新聞之後才知道，我們這一區很幸運，但大雪侵襲雅典，國際機場封閉兩天，隨後幾天的班機也都順延或取消。我的行程被迫取消。

其他的夢也能預言未來，包括白日夢，而你必須經過充分的練習才能知道這些夢是不是預兆。關鍵因素通常在於夢境的強度。如果你的白日夢很強烈或很逼真，那通常都說出了與未來有關的訊息，尤其是假如夢境很怪誕，與你的生活現狀格格不入的時候。

夢的含意

想要解析夢境所傳達的訊息，要先記得：腦子所使用的語言不是文字，而是象徵符

夢中的墜落

幾年前，我要搭飛機由香港飛往上海。我在醒來之前做了個惡夢。我夢見我在飛機上，坐在逃生門旁邊的座位，腳下的空間相當寬敞；飛行途中，機門突然彈開，我飛了出去。我往下墜啊墜，掉到一部公車上，並聽到車上的廣播說有位飛機乘客遇害……還好不是我！

隔天，我在機場排隊準備通關時覺得忐忑不安。當時中國民航還沒有電腦劃票系統，乘客無法要求坐靠窗或靠走道的座位，櫃檯小姐給的機票上是什麼座位就坐什麼座位。我上了飛機，發現我的座位就是我夢到的——在逃生門旁邊！

我坐定，想起了清晨的夢，覺得提心吊膽。我會掉出飛機外嗎？我試著告訴自己這個夢沒有特殊含意，讓自己平靜下來。但是當飛機開始沿著跑道滑行，我身旁的逃生門頂端開始晃動，眼看就要鬆脫；不到幾分鐘，逃生門頂端的塑膠框就掉落在我面前！

坐在我前面的空服員站起身，用螺絲起子把門框拴好，固定回原位。我瞠目結舌，心想：「接下來還會發生什麼事？」我好緊張，向空服員要求換座位。幸好沒有再出差錯。抵達上海後，那飛機並未如正常情況那樣停在一座門邊，而是安排乘客搭上一部接駁巴士，駛往航空站——這正是我夢中的結局！

那場夢向我透露了飛機上會發生什麼事，也告訴我不必擔心，我最後會安然無恙。然而，那個夢或許還有另一層含意，因爲我此行洽談生意的結果並不理想。那個夢說不定是在告訴我不要去，就算去了也會徒勞無功。

號。夢的意義通常是象徵性的，而不是寫實的。譬如你夢到了地震，那通常並不表示會發生地震。而是你必須先知道，地震對你來說象徵了什麼。

有太多書籍在探討夢境內容的象徵意義，只可惜這些書都不夠實用，因為夢的象徵含意其實是因人而異的。對張三來說，地震代表與別人決裂，但對李四來說是指健康問題，對王五卻真的是指有一場地震將會發生。

為了理解你所做的夢到底象徵了什麼意義，你不妨開始編纂一部屬於你自己的「夢的辭典」。你必須每天早晨記下你前一夜所做的夢，然後在晚上試著把所夢到的象徵與白日所發生的事件對照。但如果你是做了一場預言未來的夢，這或許要好多天之後才能看出那些夢中象徵的含意。必須每天努力，不厭其煩，才能理解屬於你自己的夢的語言。

如何解釋夢的含意

假設你做了一個夢，夢見你看到自己在一具屍體旁邊。你在廁所裡，然後你跑出廁所，跑進房子裡，結果發現房子失火了。然後你醒來。該如何理解這個夢的含意？

首先，你要判斷這是在哪個時段所做的夢。以這個例子來說，做夢的時段是在早上醒來之前，所以可先確定它是一個關於未來的夢。

其次，確認那場夢的大致感受是好的感覺還是不舒服的感覺，最好精確一點判斷那個感覺，把它描述出來，譬如那是毛骨悚然的、開心的、悲傷的、心滿意足的，等等。

第三，確認基本的象徵物。以這個例子來說，包括了：廁所，屍體，房子，火，你。

第四，試著把象徵與日常生活做連結。

在此例中，這個夢一定會令人覺得毛骨悚然，所以就算你不了解那些象徵所代表的含意，你也知道這夢預言了醒來後的這天或往後一兩天，事情將不會順利進展。

第四個步驟是確認各個象徵的含意。假設你生活中沒有特殊狀況，你沒有新的計畫，也沒有發生任何不尋常事件，這時，夢中的「房子」可能代表你眞正的房子，所以你也許應提防火災；但這房子也可能代表你的身體，這是你所居住的「另一座房子」，而夢中的廁所應當是代表你的腸道或尿道，火

解夢四步驟

1. 先判斷這個夢是在睡眠的哪一個時段做的。
2. 確認那場夢的大致感受，然後儘可能把它精確描述出來。
3. 確認基本的象徵物。
4. 試著把象徵與日常生活做連結。

災則是指發燒。所以這個夢是一種警訊，代表你吃下了或即將會吃到某種會讓你生病的食物，而且你會發燒；它也可能意味著你的腸道功能虛弱，而你的免疫系統已受損，可能會導致你感冒並因而發燒。有好些人問過我關於火的夢，這些人後來都發燒、感冒，往往還有腹瀉症狀。

兩個解夢的實例

我有一個學生所養的狗走失了，她連著幾天晚上都夢到愛犬失而復返。這夢總出現在她快醒來的時候，因此她知道那是關於未來的訊息。那夢讓她覺得很舒服，所以她知道即將有好事發生，然而她的狗一直沒有回來，但那場夢不斷出現。她要我幫她解夢。

這場夢的象徵意義很簡單，就是一隻一直返回家的狗。它也許是指眞的狗，但也可能象徵某種更重要的事物。我先問她最近除了愛犬走失之外，生活中還發生了什麼事。她說她剛與男朋友分手，不過她沒有那麼在乎男友，卻覺得那隻狗對她來說比較重要。

我告訴她，依我看來，那個夢與她的人際關係有關，而與走失的狗無關，她說不定很快就會和男友重修舊好。她說，不可能。

幾天後我們又在課堂上碰面，她告訴我，一個曾與她交往的男子打電話給她，希望與她再續前緣。兩人曾經相戀，但男子就讀大學後，兩人因為南北相隔而分手，她對此一直引以為憾。她接受了前男友的要求。狗兒回家了!

我以前曾與幾個人共用一間辦公室。我們為了節省開支,因此分攤祕書人員的費用。其中一位祕書是個妙齡女子,她曾上過我當時開的課程。我們每天在辦公室碰面,成為了好朋友。

有一天她進入我辦公室,對我說她做了個惡夢把她嚇壞了。夢一開始,她被一個陌生男子追逐,想要強暴她。情況越演越烈,她拿出一把刀,猛刺那個男人。她一大早由夢中醒來,無法把血淋淋的畫面逐出腦海。

做夢的時段是早上醒來之前,所以這夢與未來有關。她感覺驚駭,知道將會有壞事發生。

這個夢在說什麼呢?首先要問她目前的生活,以此判斷那場夢究竟合不合理。她說最近沒有不尋常的事,她連男朋友都沒有——這就很令我憂心了,因為這麼一來,這個夢說不定表示了她將會面臨危險。我提醒她要留意安全,找朋友做伴,沒事早點回家。

那天下班,我把我辦公室的門鎖上,走到了會客區。大家都下班了,但這位做夢的秘書小姐和另一位祕書仍在工作。我交待她們快回家,已經很晚了,但她說她們必須把好多份文件打好字以備明日之用。

我忽然覺得不妙,於是改變主意,叫了份外送的晚餐,並回到辦公室再做點事。幾個小時後我打開門，走了出來，看見一個男人揪住那位小姐的手腕，她正在奮力掙脫。男子一看到我便馬上鬆手，奪門而出。

她好感激我。另一位祕書已經下班了，她繼續一個人工作，這時那陌生男人闖入辦公室侵犯她。要不是我適時出現，後果不堪設想。

夢與實際情況的對照

首先，你必須了解自己的生活現狀如何。你有什麼計畫？你正在做什麼事？你對現狀覺得如何？回答了這些問題之後，你便可以把夢境與現實生活中的事件做對照，以找出其含意。

假設你正打算做某件你認爲很棒的事，例如赴某人的約會，而你做了個美夢，那意味著你是對的，這場會面的結果會很圓滿。然而如果你做了惡夢，表示事情不如你的預期，你必須提高警覺，留意細節，也許應該做一些調整，或者把計畫延後，甚至取消這個計畫。

反過來說，如果你正要做某件你不喜歡或你認爲不好的事，但你竟然做了個美夢，那可能表示情況會比你預期的更美好，情勢裡有你尚未發現的好機會。你的直覺正在設法叫你勇往直前，把握機會。遇到這種狀況，很多人會依照夢裡出現的數字去挑選彩券號碼，但這樣做的中獎機率不高，因爲那些數目字通常只是具有象徵意義的符號，不是眞的中獎號碼。然而，如果你本來就打算要挑選彩劵的號碼，然後一大早做了個與數字有關的夢，這時就不妨採用那些數字，說不定這些號碼確實有實際的意義。這種事偶爾會發生，也確實曾經發生過。

特殊的夢之一：夢到了外在能量

夢不完全是讓你知道你自己當前的感覺，或是對即將要發生的事會有何感受。有些夢很特殊，會說出別人對你的感覺，可能是好感也可能是惡感。對於外貌出衆的人來說，這會以春夢的型式出現。一般來說，春夢有幾種可能含意：或是說出了你的生理需求，或者表示你的計畫將可順利進行，或是

似曾相識

對於有些人來說，出現在夢中的象徵與現實情況實在太相像，他們彷彿在夢中提早見到了未來的事。這是「似曾相識」(Deja Vu)經驗的成因之一。這種經驗的成因是人們在夢中清楚預見了未來，並把這夢境留存在潛意識記憶中；後來他們在某些狀況裡便會覺得好像曾經見過某人，做過某事，或到過某地。

解夢的祕訣

如果夢裡出現了很強烈的事物，例如槍擊事件、地震、血淋淋畫面，通常意味著會有重大事件發生，最好在生活裡提高警覺。我有一個學生從來不記得自己的夢，但有個晚上她在飛機上睡著了，夢到她母親向她道晚安。她在抵達目的地後接到通知，她母親剛剛過世。

一般人在研究自己的夢時最常提到一個問題，就是那些實在太天馬行空，根本不可能成真。譬如夢見了老情人或老同學，或者夢見了你與你很討厭或不認識的人共事。我希望你不要因爲夢境太過離奇而對它們置之不理，這些怪夢的象徵可以讓你重新看待你的生活。說不定是現在你身邊的人讓你想起了舊識。如果你在現實生活中喜歡身邊的人，然而你夢到了惹人厭的人或情況，這表示你雖然喜歡那些人，但你在潛意識裡對他們還是有所不滿，或者是你遇到了與所夢到的人類似的問題。

夢境是由象徵組成的。夢中的情節也許看來非常不合理，但重要的是那些「象徵」；那些狂亂顛倒只是爲了要吸引你的注意，或者是要向你反映：你在生活中正打算進行的事是很瘋狂的事。如果你做了一個令你困惑的夢，那可能是預言了你將會面臨一種令人困惑的情況，那麼你就必須保持清醒，站穩腳步。

告訴你將會有艷遇，或是會與某人由朋友變成愛人。但如果你所做的春夢使你覺得不舒服，或者有人在夢中想強暴你，這夢可能就是指出了別人對你有性幻想與慾念。這時候你一定要弄清楚，你在真實生活中的周圍有哪些人，是誰對你有興趣，除非你也對他們有興趣，否則就別太靠近那些人。

還有一種能量會影響夢境，那就是鬼魂的能量；可能來自於眞正的鬼魂，或者來自先前睡在你所睡的這張床上那個人的振動（vibration）。許多人睡在不熟悉的床上，譬如旅館床上，會夢到鬼或其他不舒服的感覺；這種夢會不斷出現，一直到換房間或者改睡在地板上爲止。本書稍後會進一步探討這一點。

這一類的特殊夢境大都與家人及心愛的人有關。與我們親近的人出了麻煩或正在經歷某種好壞未知的改變，這時我們或許就會做這種夢。這類的夢不會受限於距離，親朋好友在地球的另一端，你仍會夢到他們。哪些夢屬於這一類的夢呢？當你夢中出現了與你有關的那個人，或是與他們有關的事物，這包括他們所擁有的物品或者是某個讓你想到了他們的東西，這時就可能是屬於這種夢。

特殊的夢之二：夢到在解決問題

正在設法解決問題的人比較容易做這種夢。有些科學上的突破就出自這類的夢。這類的夢通常出現在半夜，偶爾也可能會在早上出現。腦子可以運用夢的無限創造力來解決難題，所以，多多留意你的夢是絕對有幫助的。

特殊的夢之三：不斷夢見同樣的夢

如果有一個夢試圖告訴你某件大事，而你無動於衷，這個夢就會不斷出現。這個夢也許是在警告你，你的生活方式對你的健康有害，或是有同事在欺騙你，或你心愛的人在欺騙你，或是潛伏著其他危險。一旦你留意到這項警訊，或渡過了危險期，這種夢就不會再出現。

假如有某個夢一再出現，你應該要都多留意，並揣摩它的含意，以免爲時已晚。

夢中的象徵

有許多書籍探討夢裡的象徵，然而那些書不見得對你有用。比較好的方法是你問自己：各個象徵對你的含意是什麼，然後列出一張清單。如果夢到一個嬰兒，就把嬰兒對於你的意義寫下來，譬如：嬰兒代表令人興奮的新機會、美好事物、趣味、可愛、麻煩、疲累、快樂時光；或也可能是實際的含意，就是你即將有小寶寶了！只要你坦誠面對自己，夢境象徵的含意就會浮出來。

另一個方法是向別人描述你的夢。我們夢中的象徵往往帶有幽默感，或者提出新的觀點，或者讓你用另一種角度看待生活中的人事。旁觀者比當局者更容易看出這些含意。如果你能經常與親朋好友談論你的夢，他們可以協助你更客觀看待你的生活，而客觀的態度往往是能否窺見夢境玄機的關鍵。

還有一個簡單的方法，那是所謂的「擴充法」。你先辨識夢中的所有象徵，然後把你想起那個字眼時所浮現的聯想全部記下來。例如，想到「死亡」時，你腦中浮現了什麼？大部分人會聯想到恐懼、傷痛、無路可逃、事件或計畫的結束，或者劇烈的改變。經由這種聯想，你很快就可以理解你原本感到費解的象徵。

以下是一些基本的夢境象徵的含意。

夢的多重含意

當你以為了解夢的含意後，請想一想別的可能性。

一個夢可以同時具有幾種含意。尤其那些預言未來的夢，它可能與你眼前的情況有關，也可能指未來。例如你正在節食，而你醒來之前夢到了在飯店吃大餐；你這時候明明不該到飯店大吃，那麼這個夢想告訴你什麼？假如夢裡的感覺是正面的，到飯店吃大餐是件樂事，它可能是在說你的節食會有成效；然而，這夢也可能表示你那天或未來幾天的其他計畫將可順利完成。

動物 動物通常代表性格特質。我們「太過度」的時候，譬如吃太飽、工作太操勞，這時經常可用動物來代表。例如，吃得像隻豬，頑固得像驢子。如果你在夢中看到動物，先想一想那種動物對於你的含意是什麼。例如，狗不僅象徵努力工作，也代表堅貞的友誼，代表一個老朋友。此外，許多人會夢見蛇。一般來說，夢見蛇代表身邊出現了不值得信賴的人，但也可能是即將發生令人驚訝的事，因爲我們看到蛇的時候會覺得嚇一跳。許多人在夢見蛇之後，一個料想不到的老朋友就會忽然出現。

汽車、交通工具、飛機、飛行 這些通常與你正在進行的計畫有關。如果你在夢中不會開車或飛行，那意味著你的計畫將會困難重重。開太快或飛太高，表示你必須有所節制，因爲情況已漸漸失控。

意外、被虐待、遭毆打、遭搶、血、打鬥 你若在夢中受到傷害，表示生活情況可能無法如你所願，最後導致你受傷。這時候最好把計畫延後至少兩天，直到不再做這樣的夢之後再說。就算你的行程緊湊，實在很難延期，你也應該考慮安全，以免後悔莫及，不要忽視這些夢中警訊。出現各類傷害或血淋淋場面的夢，意味著前途堪慮，恐怕得付出慘痛代價才能脫困。如果你在夢中打鬥而且贏了，那表示前途雖然困難重重，可是經過了努力之後可以過關。如果你輸了，則意味著事情一定會改變，但事情不見得與你個人有關，而你無能為力。

天使 夢中出現天使通常是好兆頭，意味著你會獲得貴人相助。你也許根本不知道那貴人是誰，以及他為什麼要幫你忙，所以你只要收下這些幫助，並確保自己的態度是公正、勇敢而負責的，總之，只要覺得自己是問心無愧的，就可以。

憤怒 若你夢到自己在發脾氣，或有人對你發脾氣，那通常是與你的感覺和你內心的恐懼有關。夢中的憤怒也可能意味著你在實踐計畫的過程中會遇到限制和挫折。

身體器官 夢到了手或腳或頭或任何身體部位，都想一想那個身體部位的作用。例如，手是用來解決問題的，所以在夢到問題時出現了手，意味著你解決不了眼前的問題。腳可能意味著行動力和計畫的實現，在夢到問題時出現了腳，或許表示你會面對礙手礙腳的限制。

子彈與槍 聽到或看到子彈通常都不是好兆頭。夢到中彈就更糟了。這種夢的主要意思是會聽到壞消息，甚至是你的健康亮起紅燈。許多人在做了這類的夢之後，得知至親好友過世、大失敗、不好的異狀等等壞消息。

被追逐、跌倒、脫困 許多人夢見被人追逐，情況驚險萬分；或者夢見自己想逃出某種情況，或者夢到了跌倒。這些夢是在說出你即將出現的情況；夢的結局說出了你能否安然脫困。若夢中你最後並沒有脫困，你也許就應該放棄眼前的計畫，否則會前功盡棄。

兒童 兒童意味著一個新的計畫，或者一個計畫在完成之前所將面對的困難。夢到兒童也可能意味著很快將會懷孕。許多夫妻在生兒育女前會夢到孩童。

衣服 衣服是用來遮蓋或掩飾身體的。假如夢中出現了衣服，你就必須檢視你周遭有什麼事物被遮蔽了，是不是有人想掩藏什麼。另一方面，衣服也可指出別人的身分及能力。如果你在與某人會面的前後夢到了一個身披皇袍的國王，表示你所見的那個人比他們看起來還要厲害，你不妨更深入認識他們。

死亡、死人、鬼魂 夢中出現了與死亡有關的事物，例如看見了已過世許久的人，或夢見鬼魂，這通常有負面的含意。這些夢象徵了你的計畫會生變或破滅。這些夢也可能會出現在生病之前。一般來說，這表示你最好改變計畫，否則一切都將與你的計畫截然不同。

建築物、房間、房屋　夢見建築物或辦公室、教室等等場所，有時候指的就是你經常停留的辦公室或教室。但這些場所也可能代表了你的身體，特別是在夢到一棟房子或房間的時候。夢到一棟房子代表你的身體，客廳指的可能就是你的胸部，浴室是腸道，地基則是你的骨骼。這類的夢也許與重大的健康問題有關。你要試著記住夢中建築物的狀況，這可以提醒你注意你的健康概況。

疾病　通常這是在預告將會出現令人不悅的改變，但有時就是預言了你的身體會出問題。

錢與黃金　夢到了錢與黃金，意味著你即將面對與財務有關的狀況。視夢境的感覺是正面或負面而定，你也許是賺大錢，或者是破財。

人物與明星　夢到了這些，或許指的是你可能會遇到的人，或是那些會讓你想起夢中人物的人。有位女子不斷夢到一個她以前很喜歡但曾經糾纏過她的男性上司。她很多年沒見到他了；她思索著這夢的含意，領悟到那代表她的丈夫，因爲她丈夫處理目前情勢的方式很像她昔日那位上司。人物也可能代表了我們自己的性格特質，譬如夢到電影角色「藍波」(Rambo) 將敵人趕盡殺絕，這可能意味著我們有能力克服生活難題。夢到明星，也可能意味著你打從心底想要出人頭地。

性　這種夢通常反映出強烈的生理需求，說明了你在現實生活中未能得到滿足。它意味著你的生活需要改變，否則將有損健康。如果你有伴侶，表示你必須正視你與伴侶的性事問題，找出解決之道。如果你單身，那表示你應當找人做伴，你的身體不想再獨守空閨了。越是經常做這種夢，表示你在性這方面的問題越嚴重。

不過，有時候這種夢指的可能是其他好事，有人會喜歡上你；或者是在警告你，你和伴侶的關係進展得太過快速。另一方面，與強暴有關的夢是警告你將會遭到辱罵、搶奪，或者確實有遭到強暴的危險。若你夢到這些情境，千萬不要與異性單獨相處；假如夢中涉及的是同性戀，則你也不宜和同性單獨相處。

水　夢到了海水、湖水、河水、池水，請試著記得水的清濁程度。這可以讓你知道某種情勢在表面下的實際狀況。水越深，腐化與欺瞞的情況就越嚴重。

怪物、不尋常的機器或其他怪誕事物　這種夢往往意味著你正面臨一種棘手的情況，無法用正常手法加以解決。你恐怕必須想出很不尋常的方法，或前往某個很不尋常的地方，才能找到解決之道。

part 2 敏感度與直覺

Using our intuitions as a tool to know ourselves is actually a lot simpler than you might imagine. We can do this by noticing minute changes in our bodies in response to what we eat, drink, feel, and think. If these things are somehow not good for us, through our subconscious minds changes occur in the way we move making us less coordinated and prone to accidents, it can also change our physical condition in a variety of ways from increasing heart rate, blood pressure, sneezing, pain, and other symptoms. You have experienced this many times, but unless you knew to look for it, you missed what your body was trying to tell you.

第2章　身體裡的直覺

「達到了表裡合一，就得到了幸福。」

——蘇格拉底

依據古希臘神話的說法，太陽神阿波羅在德爾斐（Delphi）神殿裡留下了銘言，訓誨世人：人生最重要的事乃是「認識自己」。假如真能了解自己的身體與心理在成長過程中所需要的詳細訊息與知識，想必能一生過得健康美滿——問題是，我們生下來時可沒有一本手冊能供我們照著指示來「認識自己」。雖然說科學研究提供了許多關於健康的重要線索，然而那些不但不是答案，卻反而說明了人與人之間的差異有天壤之別，而認識自己是多麼重要的事。

今日的人想要認識自己，不太能倚賴科學的幫助，卻要經由嘗試錯誤，或者就靠運氣。藉著嘗試不同的事物、食物、工作、感情關係，我們逐漸確認了自己的喜好與厭惡。

如果運氣好，也許經過一番跌跌撞撞後可以逐漸走上正途；假如運氣不好，則可能一輩子渾渾噩噩，不知自己有何特殊之處，不知該如何改變才能眞正提升生活。

有一種方法，既超越現代科技，又不需要冒著嘗試錯誤的風險。這種方法可以讓人知道到底適合吃哪些食物、該避開哪些食物、何種營養可讓我們有精神、需要多少運動量才足夠、到底具備哪些天分才華、適合與哪些人交往，甚至可以說出每個人需要多少性愛！這方法不是哲學，也不是宗教。這方法，人人都能做到。這方法就是：依靠我們的直覺！

第一章討論過，所謂的直覺，事實上只是一種可以處理身體裡被意識忽略的資訊的能力。直覺，會把體內所有細胞傳送出來的大量資訊加以篩選過濾，把焦點放在它認為最重要的訊息上。

來自身體的聲音

運用直覺來認識自己，這件事沒有你想像的那麼難；只要留意自己每天的吃、喝、感覺和思考對於身體造成的細微變化，就能做到。如果這些吃喝感思對你並無益處，你就會從潛意識開始產生變化，使得你的身體行動較不協調，容易發生意外，也會使身體各部位發生變化，造成心跳加速、血壓升高、打噴嚏、疼痛等等症狀。這種狀況想必你曾經體驗過，假如你不懂得注意這些變化，你就沒有聽到你的身體想告訴你的事。但只要你開始留意這些變化，你立刻可與你的身體溝通，直接掌握你的直覺力。

這種例子很多。下次你肚子餓的時候，先把可以取得的食物列成清單，花一點時間，想像自己吃每一種食物的狀況，你會發現，你的胃會對於你的想像產生反應：你想到了某些食物時，會打嗝（這表示你的胃不想要這些食物，你甚至可能覺得胃有點痛）；你想到另一些食物時沒有感覺到變化（表示它們不是最佳選擇，但你的身體可以處理）；你可能在想到某些食物時聽到胃部發出聲音（你的胃對這些食物垂涎三尺！）

這種現象可以用「測謊器」來測知。測謊器可以檢驗受測者對於問題是否出現排汗、心跳、呼吸和甚至聲音方面的變化。人在說謊時，所承受的壓力會使人排汗增加、心跳與呼吸加速、音調提高；這些變化來自於潛意識的連結及運作。不管壓力來自何處，也不管是心理先影響了身體、還是身體影響了心理，身體只要是在承受著壓力，就會自動產生變化，而我們自己可能不知道有這些變化。

有人發明了一種類似測謊器的儀器，用它來和潛意識心靈溝通，以讀出人體在想到了健康和營養的事時會產生什麼變化。它的做法是讓受測者與儀器連接，請受測者在心中默想某種食物，這時，儀器會偵測受測者體內產生了哪些變化。如果出現了心跳加速、呼吸急促等等在面對壓力時會出現的徵狀，就表示受測者的身體無法應付那種食物。

這種儀器確實小有功效，可以用它來辨識出哪些食物、哪些營養成分和甚至哪些藥物的效果最佳，然而它也會出錯，譬如說，由於體內的變化極爲細微，它偵測不到；比方說，很難確定受測者只想著一種食物；更難控制的是，醫師和從旁協助測試的醫護人員沒有說出口的想法，可能會用心電感應的方式影響到結果！這種儀器後來漸趨式微，只剩少數精神治療師仍在使用。

肌肉協調度測出直覺

三十年前，一位專攻脊椎治療的美國醫師古哈特（George Goodheart）研發出一種技巧，名爲「應用人體動力學」（Applied Kinesiology，簡稱ＡＫ）。古哈特醫師發現，在測試病患的肌肉力量時，隨著病患擺放手的位置不同，以及醫生所觸碰到的部位的健康狀況不同，病人的肌力會起變化。觸碰到了健康部位，檢測結果會顯示肌肉強壯；觸碰到有病痛的部位時，就會顯示爲虛弱。然而這套方法不夠客觀，因爲它是以人的手在受測者的肌肉上施以阻力，並觀察受測者的反應。爲了克服這一點，研究者試著測試肌力測度儀，但仍無法提高這項檢測法的客觀度。後來又進一步研究，結果似乎顯示這項技巧所測得的並不是「所測部位的肌力」，而是「肌肉鎖定在某個位置的能力」。

「肌肉鎖定力」與「肌力」不同，這可以用「劍道」此一傳統日本武術來做說明。

學習劍道的人是否習得了眞髓，要看他能否卯足全力劈出一劍，然而在劍刃即將擊中目標之前卻又能立即收手。想達到這種火候，必須全神貫注，畢竟人在正常情形下是會順著力道劈下去的。能瞬間把劍停下來，意味著可以精確計算出在一刹那間需要運用多大速度與力量，然後分秒不差地將肌肉鎖定。這需要驚人的專注力，一旦分了心，劍刃便會順勢劈開目標物……萬一目標物是人，可就慘了。這種功夫需要有精確鎖定肌肉的能力，也就是古哈特醫師所測試的肌肉功能。

肌肉的鎖定力，是腦部協調了大量的肌肉纖維同時收縮的結果。大部分人以爲，人在運用肌肉的時候，是整塊肌肉收縮，事實上並非如此。所謂的肌肉，是數百萬個細胞排列成肌肉束所共同組成的，切開一片牛排便可以看到什麼叫肌肉束。當神經向細胞傳達了訊息，要它們收縮，細胞便做出收縮的動作；收縮的細胞越多，我們越能控制自己的動作。

不過，有件事很奇怪：重複做同一個動作的時候，譬如不斷舉起槓鈴再放下槓鈴，在每一次舉起時所用到的細胞都不一樣。由於肌肉細胞用過一次之後就要休息，所以假如一再重複做同一個動作，那麼那個被使用到的部位裡的所有細胞就會被一用再用，使人覺得肌肉疲累。這種開關式的使用細胞的狀況是自動發生的，但如果可以全神貫住，偶爾可以出現驚人之舉。

曾有報導提到，老婦人爲了搶救被壓在車下的親人而抬起了撞毀的車子，或某人在危急狀況下使出了驚人的力道。這類的奇聞，都是許多肌肉纖維同時收縮所造成的結果——舉重也就是同樣的道理。舉重運動試圖突破身體在肌肉纖維的自動行爲方面的限制。你聚精會神的程度越高，就越能舉起重物。這也是爲什麼，專業舉重選手在奮力一舉時會大吼一聲，因爲這有助於集中精神，發揮更大的力量。在奧運之類的大型比賽上，金牌與銀牌的差別，僅僅在於哪個運動員更能專注。比賽時假如有人在旁加油打氣，有助於讓運動員的肌肉更加協調，並發揮所謂「主場優勢」的效果。

腦子裡那個自動控制肌肉纖維的部位，是潛意識心靈的一部分。如果身體裡有干擾存在，便會影響到協調力，使肌肉變得較軟弱無力，或者在受測試的時候無法鎖定在一個位置。你腦海中浮現的每一個念頭，你對於每一次碰觸的反應，總之你對任何事情的反應，都會促使潛意識改變你肌肉的鎖定能力和協調力。如果有辦法精確測量這些變化，就可以對直覺產生新的見解，並且更深入認識身體情況和思緒如何影響身體和其他相關狀況。這是認識自己的一個絕佳辦法。

只可惜至今還沒有儀器能像人類的手一樣可以測知肌肉的微妙協調。人手在檢測動作的時候是非常敏感的，連在鎖定時出現的輕微阻力也感受得到。基於這個原因，應用人體動力學所採用的「肌肉測試」，以及由此衍生的其他肌肉測試法，已經引起世界各地另類治療師的注意，並得到採用。這方式可以用來辨認體內的病灶，檢測某項療法是否有效，測知所缺乏的營養成分，測知包括過敏在內的營養敏感度，以及測知環境中諸如動物、顏色、形狀等等可見事物和電磁波之類的不可見物等等對人體造成的影響，還有其他更多功能。

這套技巧是一種功效卓著的治療工具，特別適合用來辨析人對食物的敏感度與過敏狀況。醫師只需要請病人心中想著一種食物，同時測試某一處肌肉，便可立刻得知那個病人的身體對於這項食物的反應：如果病人討厭這項食物，則肌肉經過測試會顯得軟弱。測試的方法看來簡單，事實上很複雜，必須對於解剖學與生物力學具備精闢的認識才能知道應該測試哪個部位的肌肉，並掌握那些可能會誤導結果的因素。許多因素都可能會影響測試結果，包括醫師的手所擺放的位置、醫師的思緒、屋內物品譬如電燈泡及電源插座、病患與醫師的相對位置、病患的健康狀況、病患的呼吸、病患的專注能力，等等。

肌肉測試法可以測知一個人的直覺力，然而這方法有許多缺點。譬如，它的檢測方式很耗費時間；問了太多問題之後，受測者的肌肉會疲倦；假如施測者沒有全神貫注，測試結果就可能不夠準確；而由於思想可以傳輸，所以無法確知爲什麼某一塊肌肉會變強或變弱。

肌肉測試法的問題

肌肉測試法是一種有效的直覺工具，但是應當由受過訓練而且「誠實」的專業人士來執行。由於許多方法都可以人為方式操控檢測結果，因此，這種肌力檢測法的風評不佳。它一開始被用來推銷維他命和床鋪之類的產品，以此法證明他們的產品是不可或缺的、天然的，而且是市面上最佳的產品。大部分的推銷員都沒有受過充分的訓練，民眾也不知道可能會受騙上當，而那些產品往往無法展現推銷者所宣稱的療效。就這樣，這套肌肉檢測法看起來像是一種詐騙手法和斂財工具。一種具有卓越療效的工具，竟落得如此悲慘的下場。

導致這種檢測失效的主因之一，是施測者與受測者之間的「思想傳輸」。如果推銷員喜歡他所推銷的產品，他的意念就會被受測者接收，如此一來，受測者的肌力檢測就會呈正面反應，足以證實這種思想的傳輸。基於這個原因，肌力檢測不應該用來銷售產品，因為一旦測試結果是與商業利益有關的時候，就無法確定這項測試結果的準確性。

如果你有興趣了解這套檢測法，務必接受醫師或其他相關的專業人員的訓練，並且要查驗那位老師的相關證照。

卜杖求問法

還有一種迅速而精確的檢測法，叫做「卜杖求問法」（Dowsing）。此法可以自行操作，所以可避免上述的肌肉測試的諸多問題。

有人說這套「卜杖求問法」源自古埃及，不過文獻顯示此法曾經出現在希臘和中國。這套技巧最出名的運用方式是用來尋找地下水。求問者兩手各持一根叉形的卜杖，在一塊地上來回走動；只要接近了地下水源，他的手就會顫抖，而手上的卜杖彷彿會被某股力量拉往地面，如此便可找到地下水源。這套技巧曾在出乎意料的地點找出水脈及其他物品。

我們到現在都還不知道卜杖求問法的原理，而大部分人不把它當一回事，許多人對此心存疑懼，認爲這是一種巫術，有人甚至認爲這是一種讓惡靈進入身體的方式。

希臘以東的亞洲國家，也把此法用來占卜，譬如在繩子上或一根長髮上綁一枚指環，然後詢問與未來有關的問題。可能因爲這樣，卜杖求問法才會被視爲迷信。

卜杖求問法的運作方式其實是有一點科學基礎的，如果你理解了這些原理，就會發現，假如用卜杖求問法占卜未來，它確實是不準確而淪於迷信的方法。事實上，卜杖求問法是另一種形式的肌力檢測法，只不過它檢測的是自己的肌肉。卜杖求問法是一種功效卓著的直覺力工具，可以幫助我們感覺自己的身體狀況，並且分別從體內狀況和外在環境來了解自己的需求。**卜杖求問法可說是最重要的直覺力技巧**，因爲此法所接收到的訊息可以形成你身體健康的基礎，進而影響到你如何決定你的生活方式。

卜杖求問法的操作方式如下：找一個卜問的工具，譬如一枚擺錘（以一根繩子繫住一個有點重量的物件）。接下來，輕輕握住這枚卜問工具，然後在心中想著你想問的問題。如果你的身體同意你心中的念頭，你的肌肉協調力會變好，肌力會增強，這就會使得擺錘開始晃動。可是如果你的身體不同意，你的協調力就會變差，肌力會減弱，這就會使得擺錘停下，然後又改變方向。

（其實，不使用工具也可以卜杖求問，就是直接使用你的感應力，但那必須經過訓練才做得到。）

卜杖求問法和肌力檢測法一樣，會受到許多因

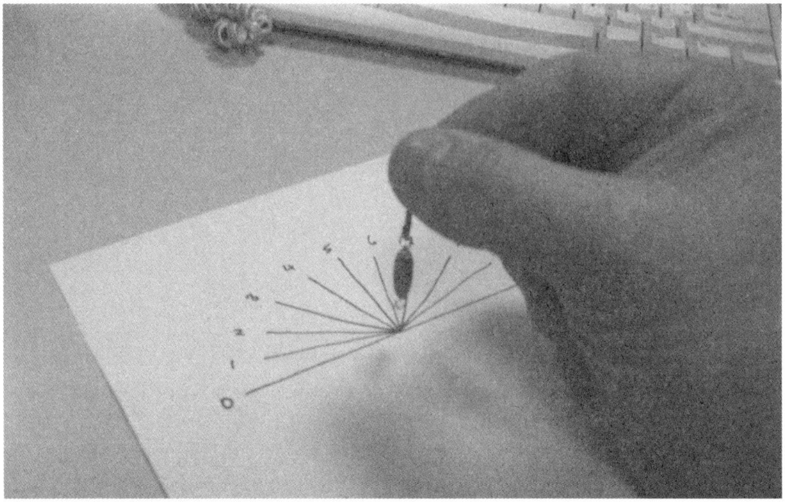

用卜杖求問法掘井

如果你不相信這套卜問法居然有效，那是因爲你不曾見過這套技巧運用在人身上。

我曾在一個朋友位於希臘的土地上，親眼看著他用卜杖求問法在一處不毛之地找出地下水，而那處水脈在地底一百五十公尺。

我朋友找來的掘井的工人很不情願動手，說不可能找到水。經過一番勸說，工人勉爲其難開始挖鑿。

鑽土機一直往下挖，都沒有水的跡象；挖到一百二十公尺處仍未見水脈，工人開始抱怨。

我們堅持，一定要往下挖到一百五十公尺處。工人心不甘情不願照著做，最後，總算在一百五十公尺處挖到了水脈。

從那時候到現在，那口井，一周兩次，灌溉著兩百棵以上的橄欖樹！這對於一處原本只長了野生矮灌木叢的地方來說，眞是匪夷所思的事！

素的影響而導致錯誤的結果，因爲這方法本來就是種很主觀的測試法。你的想法與信念、別人的想法與信念、你提出問題的方式、你的穩定度與專注力、你的卜杖求問經驗多寡等等因素都可能會造成錯誤研判。因此，卜杖求問法的準確度到底如何，科學界的看法相當分歧，這除了因爲難以在實驗室裡證實的無形因素之外，也因爲連做實驗的科學家的思惟都可能會對結果造成影響。

卜杖問者可以感應到觀察者或曾觸碰過那些物體的人所留下的思想，所以，對卜問者來說，思惟是千眞萬確的實體，不僅存在，而且還附著於碰觸者早已離去的物體上。曾有卜問者試圖尋找埋藏的寶藏，結果找出了幾個可能的藏寶地點，其中有些地點是當初藏寶者曾經想過要藏寶的地點，但後來改變了主意。卜杖求問法在尋找地下水這方面的成效格外顯著，原因之一是這些地方大都是新發現的，尚未被別人的思惟碰觸過。

卜杖求問法看似複雜，其實很容易，不妨立刻嘗試。

用身體變化來卜問

端坐在椅子上，緩慢做幾次深呼吸，放鬆。閉上雙眼，試著感覺你的胃部：你覺得你的胃是鬆弛的還是緊繃的？把氣吸入胃裡，盡量放鬆，然後你應該可以感覺到胃稍微張開了一點，或者覺得腹部稍微下垂了一些。

接著，想像你吞下了一湯匙的糖。想像那些糖進入了你的胃。你的胃有什麼感覺？你也許會覺得它比剛才緊縮一些。如果你有胃潰瘍的毛病，這時你的胃甚至可能會痛！

然後想像你喝了一杯乾淨的水。你的胃應當會放鬆並稍微張開一些。

接下來，一直說「愛」這個字，告訴你的胃，你愛它。這時你的胃有什麼何感受？它應當放鬆下來了。

以上就是在卜杖求問了！你會逐漸對於想法和肌肉協調力之間的關係變得敏感，能察覺其中的細微變化。你可以運用這套簡單的方法測試生活中的一切，了解各種食物適不適合你，什麼工作或行業對你最好。

這套用身體來卜問的方式，也需要長時間的練習才能學得好。

手重卜問法

另一種卜杖求問法是把兩隻手臂向前伸直，然後依以下方式執行：

閉上雙眼，感受一下雙手的重量和溫度是否都相同。待你對兩隻手臂都有感覺了，心中就開始想著你正在親吻你所愛的人，或者想著希望你能墜入情網！幾秒鐘之後，感覺你的手臂重量，是不是有一隻變得比較輕或比較重？如果你感受不到任何改變，就張開眼睛，查看一下你的手臂有沒有向上或向下移動，因爲有些差異你也許感覺不到但是看得到。有些人表示，手的重量沒有改變，但會覺得變較熱或較冷。所以你要對各種變化都保持敏感！

繼續讓手懸在半空中，閉上眼睛。這時，心裡想著某個你害怕或厭惡的東西，例如「癌症」或「死亡」這種字眼。持續想著那東西。這時，感覺手的重量變化或觀察手臂位置的變化。如果你的感受敏銳，你會立刻感覺到微微的變化。

如果你什麼都沒有感覺，那意味著你正在期待大事發生，而你的敏感度還不夠。如果是這樣，請拿出兩個重量相同的物體，一手拿一個，再把這個練習重做一次。物體越重，你越容易感覺出手的變化。

這套方法相當靈驗，但需要時間練習，循序漸進，而且練習一陣子後你的肌肉會開

是你的手在動

有些人認爲，手持一個擺錘卜問時，即使卜問者的手不動，擺錘也會自行移動，提出答案。這種說法是不正確的。事實上，你沒有刻意要移動擺錘，擺錘也沒有自行移動，是你的手使得擺錘移動了。如果擺錘可以自行移動，那麼何必用手持著？這樣的話，把它掛在天花板，人對著它卜問就可以了。擺錘只是工具，它把手部的細微變化和動作加以擴大，讓我們能清楚看到變化。

始疼痛，尤其是假如你有上百個問題想問的話。

古典的卜杖求問法

更進階的卜杖求問法，也就是最古典的卜杖求問法，需要使用一套卜杖求問的器具。這類工具五花八門，可以用彎曲的金屬線或線圈，也可以用各式各樣的擺錘，視特定用途而定。假如是要問健康問題，簡單的擺錘即可。

你可以自己動手做。原理很簡單。取一條十至二十公分長的繩子，在一端繫上一個小物體，例如釣魚用的鉛錘或是一支鑰匙，總之是有一點重量的物體。在繩子上端打個結，讓你有地方可以握住。這樣，你就可以開始求問了。

有人認爲一定要用水晶來卜問。其實不然。水晶確實有許多令人稱奇的特質，不過在學習卜杖求問法的初級階段，只需要測試想法與手的肌肉協調之間的關係，還不必動用到水晶。只要把一條繩子上繫上一枚重物就行了。試著使用不同的重量物，幫助你確認哪些物件比較能幫助你找到明確的答案。

不管你的擺錘是針對某個正面的想法或負面的想法而晃動，都沒有所謂的「正確」移動方式來標示肯定或否定的答案。卜杖求問法顯示的只是肌肉協調起了變化。事實上，你可以設定一套方式，讓你的手依照特定方式晃動來顯示肯定或否定的答案，譬如你告

空的重要性

為了感覺到答案，讓答案由內心深處浮現，你必須排除雜念。提出問題之後，你假如可以儘可能不讓雜念出現，你得到的答案會更明確。這當然需要一番練習才能達到。如果你不曾體驗過排除雜念的感覺，請每天試著冥想至少二十分鐘，不久你就能在提出問題後不再思索它的答案。

- 花點時間製作你的擺錘。（如圖）
- 握住繩結，讓擺錘輕輕地前後擺動。
- 持續說出「愛」這個字。不要想著你的手，也不要猜測手會有什麼變化，讓它自由動作。
- 擺錘可能會以順時鐘或逆時鐘的方向擺動，或者改變方向。無論哪一種，對你來說都是「是」。
- 接著，讓擺錘再一次來回擺動，這次說出「癌症」或「死亡」。讓你的手隨心所欲移動，全神貫注反覆說著這些字眼。擺錘可能會再度改變它晃動的方向，這對你來說，意味著「否」。

補充說明：如果你毫無感覺，表示你是在感覺你的手而沒有專注於你心中那些字眼。此法的訣竅在於專注於你的念頭，並觀察手的變化。你越能夠不去感覺你的手，就越能得到效果。

訴自己，順時鐘擺動表示「是」，逆時鐘擺動則爲「否」，那麼你的身體就會根據這個方式來傳送訊息給你。不過，一開始不要這樣設定，而要先找出你個人的自然反應。這種自發性的反應是最精確的，也是最容易運用的。

現在，你可以開始用卜杖求問法來測知一切與你的身體健康和生活方式有關的問題。你的直覺會爲你效命。

這套方法唯一的問題在於，它非常花時間，因爲答案很慢才會浮現，而且卜杖求問者必須感覺敏銳、全神貫注。你必須完全放鬆，心情平靜，才能感覺到擺動的細微變化。難怪這方法很少有人做得好。

馬力超強法

還有一套更強而有力的卜杖求問法，我稱它爲馬力超強法。馬力超強法與古典卜杖求問法的差別只有一個：馬力超強法不讓擺錘輕輕來回擺動，而是強迫它快速打轉晃動，讓擺錘像螺旋槳似的，依照穩定的節奏旋轉。

擺錘一開始擺動，你就說「愛」這字，一直說，同時用你覺得順手的速度持續旋轉擺錘。你應該會發現你的手沒有任何變化，所以你可以輕鬆地繼續讓擺錘旋轉。這說明了「是」。

繼續擺動，並說「癌症」或「死亡」。你會發現你的手開始覺得比較緊，比較不容易讓擺錘晃動。有些人甚至無法讓擺錘持續打轉。

如果你覺得你的手變緊了，或者你不再能依照原來的節奏繼續晃動擺錘，這些現象都說明了「否」。你所問的問題，答案若不是徹底的「否」，至少是「不太好」。

馬力超強法很有效。它進行的速度很快，而且隨時隨地可以使用，連鑰匙鍊也可以拿來當作工具。馬力超強法不但用比較明確的方式提出了「是」或「否」，也可以讓人得知某一答案的強度如何。例如，你想知道米食對你的身體是否有益，而且得到肯定的答案，你或許也會覺得手有點緊。略微變緊，意味著你的身體可以控制米食，但它對你來說不是理想的食物，會讓你的身體負擔起來稍嫌太重，或讓你覺得疲累。

大部分人第一次以卜杖求問的時候，對於卜出的答案並沒有信心，要經過一段時間的練習才會漸漸順手。想把卜杖求問法學得透徹，最好去參加相關研習課程，經常與其他卜問者交流，也要自己多多練習，熟能生巧。我的工作室就會讓學員這麼做，這是精進卜問靈驗度的捷徑。我也教導學員如何不使用任何工具也能卜問，讓你隨時隨地都能與你的身體溝通。

雖然卜杖求問法這方法可以回答與你身體有關的問題，但它畢竟是有限制的，因爲只能問「是」及「否」。這個缺點，要用一系列的問題來解決。譬如你問米食對你有無益處，答案是「是」，而你的手有點緊，這時你可以改問：是糙米比較好，還是精製米比較好？然後，再問你的身體每一餐可以承受多少米食。

與「量」的有關問題，要先隨機挑一個量。譬如，每餐三碗飯，先卜問答案如何。如果答案是「否」，再往下減量，每餐兩碗，測試；再改為一碗，再測試；半碗，再測試；直到你獲得了「是」的反應。

與量有關的問題，更有效的辦法是使用刻度表。

使用刻度表卜問

當你使用古典卜杖求問法或馬力超強法，看著刻度表，你就會依照刻度而獲得答案。你可以用一把尺當刻度表，也可以用自己

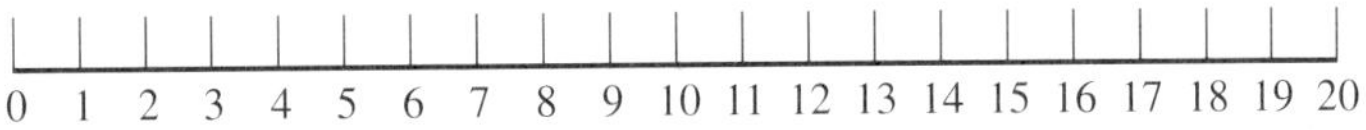

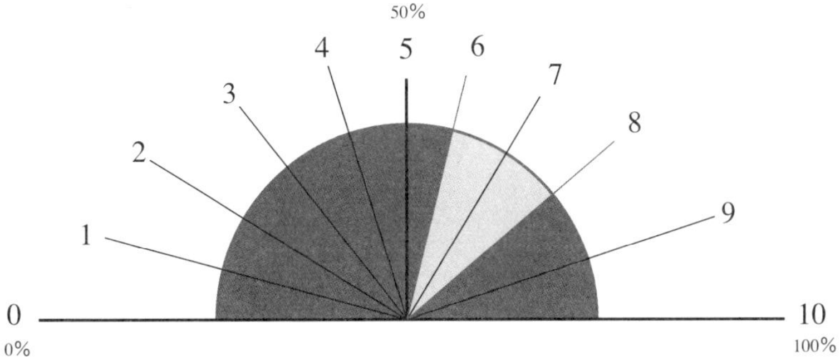

繪製一張刻度表。

刻度表可以廣泛運用在很多地方，最好的入門方式是量血壓。先用卜杖求問法問出你的血壓值是多少，然後用血壓計來驗證。

正常的血壓值是收縮壓一二〇／舒張壓八十。你可以從這組數值開始測試。拿一把量尺，用筆標示出十二與八的刻度。然後，一手拿著擺錘，讓它隨意擺動。同時，用另一隻手的一根手指擺在八以下的任一數目，例如，六。你在心中問：我目前的血壓收縮壓是多少？你想著這個問題，同時把手指緩緩在量尺上滑動至九、十、十一等數值，直到你用擺錘獲得了一個肯定的答案。把答案寫下來。

然後，用血壓計量出你的數值。把你問到的數值和用血壓計量出的數值做比較。如果上下只差五點，你的卜問技巧就夠精確了；如果差異頗大，你可得多多練習。等你可以精確掌握自己了，再找親朋好友來測試，讓你變得更敏銳也更精確。

如果你是用馬力超強法來提問，得修改提問的方式。你應該問：「當我達到了我的收縮壓值，請給我一個徵兆。」然後你就旋轉擺錘，直到你的手停止動作，擺錘到達定位。

做完這個問題之後，再量舒張壓，也就是血壓值中較低的那個數值。把你的手指頭擺在刻度表上「一」這數目上，開始讓擺錘移動。你在心中默念：當你的手達到了舒張

健康受損值

百分比刻度表的用途廣泛，幾乎無處不可運用。最實際的用途之一是卜問健康程度。

先製作一個刻度表，由零到十，零代表極爲虛弱，十代表最佳的身體狀態。然後你問一個問題，例如，我在食用白糖時的健康程度爲何，然後測量。接著依同樣方式卜問，我在喝水時的身體狀況如何——我非常確定你會看到差別。

使用刻度表檢測健康程度的時候，必須先建立一個健康受損值。一般來說，問出的數值在六到八之間的話，那項食物不算太差，但對你的健康沒什麼幫助，偶爾食用無妨，但應儘量避免。檢測值低於六的食物，都應該少吃，因爲它們會嚴重損害健康，對免疫系統造成負擔，並讓身體不去做它該做的工作。這會使得你生病。因此，健康受損值應當設定在六。

接著，設定一個理想的健康程度值。這可以讓你的數值更有用也更精確。在一到十的刻度表中，理想的健康指數應當介於八至十之間。如果你測試過哪些食物是介於數值八至十之間，也只吃這一類的食物，你會覺得你的健康大大增進，永遠不會覺得疲倦，就算生了病，復原的速度也會很快。

卜問的過程

・心裡想著：「給我一個肯定的徵兆。」
・排除雜念。
・使用圖表，卜問：「米食對我有多大益處？」
・排除雜念。
・記下答案。
・心裡想著：「給我一個肯定的徵兆。」
・排除雜念。
・如果米食讓你強壯，就問：「我每天、每餐應該吃幾杯的米？」
・排除雜念。
・記下答案。
・心裡想著：「給我一個肯定的徵兆。」
・排除雜念。

(你可以繼續提問，例如我每星期可以吃幾次米食，其他類型的米食，譬如米粉，一星期我可以吃幾次，等等問題。然後同樣依照前述的「排除雜念」、「記下答案」等程序進行。)

說明：用「給我一個肯定的徵兆」的方式來讓自己準備就緒，就像按下計算機的「清除」按鈕，可以把其他問題所殘留的資訊都清除乾淨，以免干擾你正要卜問的問題。每一次卜問時都應當使用這套程序，讓它成爲習慣，這可以讓你對每個問題都能聚精會神。

壓的數值的時候，要出現徵兆。默想問題的同時，把手指沿著刻度表往數字較高的一端滑動，直到獲得答案。做完，再與血壓計所量之數值做比對。或許要做幾次才能準確。

熟能生巧

經常運用卜杖求問法之後，你會發現你的身體在肯定與否定的時候分別會發出哪些徵兆，這些感覺非常難以用言語表達。一個肯定的徵兆，感覺起來像是微微的解脫，類似嘆氣時的感受；至於否定的徵兆比較不容易比喻，你可能會覺得毫無變化，或變得稍微緊繃一些；這些感覺通常會出現在胸部，所以呼吸會稍感困難。

假如沒有使用卜杖求問法，通常不會留意身體的這些變化。如果你練習了卜問技巧，將能發展出你對身體變化的敏感度，到最後就可以不用任何工具，只需要留意體內的變化就可以問。

開發直覺的訣竅

直覺力的開發以培養敏感度爲基礎，而卜杖求問法正是一種讓你對於細微變化更加敏感的絕佳工具。

不妨開始留意自己一整天的感覺：早上你有何感覺？如果覺得虛弱疲倦，請回想昨晚吃了些什麼。你也要留意身體的突然變化，譬如你在飯後突然覺得頭痛，你就會知道是剛才那一餐裡的某種食物造成的。突然出現了膝蓋或其他關節的疼痛，也可能是你所吃的某種東西造成的反應，譬如過敏食物、食品添加劑、殘留的農藥等等。你只要感覺到身體起了變化，就花一點時間卜問這種困擾是什麼因素造成的。只要逐一過濾你的飲食，就可以讓你越來越敏銳，所卜問的結果也會更加精確。

整體來說，想要更貼近自己的直覺，你必須逐步淨化自己的身體和心靈。首先，要從食物開始淨化；這麼做之後你也許會發現，你能吃的食物不好找，可是你會得到活力、能量、健康和平靜的心靈。你的付出將會非常值得！

常犯的兩個卜問錯誤

一般人在做卜杖求問法時最常犯的大錯是沒有問出「有效」的問題。問題不精確，答案就完全沒有意義。卜杖求問法的準確度如何，完全要看你所提的問題夠不夠精確。

在問出一個答案是「是」或「否」的問題時，會衍生一個邏輯問題。如果沒有是或否的答案，則這個問題會造成誤導，也會引出錯誤的答案。例如，假設你被控對配偶施暴，出庭應訊時被問到的第一個問題是：「你現在還毆打你的配偶嗎？」請問你作何感想？你會回答嗎？這個問題隱含了一個假設：你會打你的配偶，而你觸犯了家暴法。如果你是無辜的，那麼這個問題是無從回答的；如果你回答了，就等於認罪。

卜杖求問法也是同樣的道理，必須謹愼設定問題，別問出會誤導答案的問題。最好是問開放性的問題，不要用黑白二分的方式來提問。用設定程度的方式來提問，可以幫助你找出受到影響的程度，讓你獲得你不曾預期或不曾得知的可能性。

例如，你卜問米食對於你的身體有無益處，答案是「是」，但這答案眞正的意思是什麼？這是說，如果你此刻肚子餓了，你的身體需要食物，則這個「是」只意味著米飯在這一刻有助於讓你存活，然而你對米食或許會有些無法消受（例如過敏），或者假如你有血糖方面的問題，白米飯對你來說不是最好的食物，在此情況下你這個「是」的答案就會造成誤導。因此應該要提出更精確的問題。最好是使用一張圖表，列出一到十的程度，逐一卜問米食對你的健康有多大益處，然後再細問，不同種類的米食對你的影響程度各是多少，最後再確認你的身體可以負荷多少的米食。

另一個在卜問時常犯的錯誤是沒有專注在問題上。

卜杖求問法講究的是提出問題，讓心靈淨空，靜待答案浮現；你晃動卜問的工具，觀察你的手有何反應。然而你的心思很快就會疲憊，問了一連串的問題後，你可能會開始分心，無法排除雜念，而你所獲得的答案也就無法準確。

爲了避免分心，就要在卜問之前準備妥當。先做幾次深呼吸，冥想，聽一點可放鬆

讓直覺幫助你減肥

減肥不是件容易的事。很多人努力減了幾公斤，但恢復正常飲食之後，體重也回到原來數字，甚至更胖一些。這是身體的本能反應；當身體花了一段時間對抗飢餓、努力不讓脂肪流失，一旦回復到正常飲食，它便會多貯存一點脂肪，以備日後飢餓時可派上用場。這種本能反應幫助了人類祖先熬過長時的飢饉，但也使得今日的我們會把脂肪留在身上。結果，我們每一次減肥，卻都比減肥前更胖一些。事實上，節制飲食式的減肥會增重，而不會減重。

眞正的減重之道，在於掌控你身體裡那些會造成體重增加的因素，換句話說，就是要控制你的新陳代謝。你的身體能用多快的速度把熱量燃燒掉，決定了你的體重會不會增加。假如新陳代謝率很高，你就可以想吃什麼就吃什麼，卻還會變瘦；反過來說，假如你的新陳代謝率較低，則你就算節制飲食了卻還是會胖。

新陳代謝不容易控制，因爲你沒辦法知道自己的新陳代謝機制在做什麼，除非有人發明某種裝置能測量出你的新陳代謝率，讓你知道你應該吃什麼和做什麼來讓你的身體調節到能燃燒脂肪的狀態。然而這種儀器尙未問世。不過，確實有一種方法可以監控你的新陳代謝率。那就是用「卜杖求問」直覺法。

我在我的課程中講到了如何用直覺力檢查自己的新陳代謝狀況，如何用一天裡所做的大小決定和各種活動來控制新陳代謝。聽到我這樣說，來上課的學員們很驚訝，並發現自己的新陳代謝狀況竟然在前一刻很高，下一刻很快就又變低，而後開始用「健康三角」的模式來辨認是哪些因素造成這樣的起伏變化。

我們逐一討論調節新陳代謝的三個因素：

心靈：快樂的程度或興奮的程度越高，新陳代謝率也越高；

飲食：所攝取的食物越不容易消化，新陳代謝率也越高；

身體：活動越激烈，新陳代謝率也越高。

我們學習各種可以提高新陳代謝的方法，以及它們能改變新陳代謝的時間有多長。譬如，有人認爲運動是減重的不二法門，其實不然。你做了多久的運動跟你的新陳代謝率是沒有關係的，眞正有關係的是你做了什麼運動、運動的劇烈程度如何，以及你在什麼時候運動。你可以用卜杖求問法得知自己需要做什麼運動，需要做多久，而且，對於多數人來說，一天裡只要在關鍵的時刻做一到八分鐘的運動就足夠！

只要能學到如何操控這幾項因素，了解到這些因素所造成的效果可以延續多久，你就可以在每一時刻和所有活動中都掌握自己的新陳代謝狀況，甚至用念頭加以掌控——是的，你可以用意念減重！學會了這個方法，你下半輩子都會知道如何控制體重，想到這一點，你就眞該學習卜杖求問法。

心情的音樂，或做一些可以讓你完全放鬆並集中注意力的事情（應避免喝酒。酒確實可以讓人放鬆，卻會令人難以聚精會神）。一旦你覺得心情放鬆並能集中注意力了，就要求顯現一個肯定的徵兆，然後排除雜念，不要讓你自己提出答案，要讓答案自行浮現。如果你是運用馬力超強法，就一再反覆「愛」這個字眼，讓擺錘打轉，並且要確定你的手不覺得僵硬或緊繃。一旦出現了肯定的徵兆，就再問下一個問題。然後，每提出一個問題，就要求出現一個肯定的徵兆，讓自己重新準備就緒。

錯誤的思想型式

卜杖求問法還會在一種地方出錯，就是我們先前約略提過的「思想型式」的問題：你的偏見及信念，會影響卜問的準確度。如果你和朋友一起卜問，他們的想法、信念和偏見也會影響答案的準確度。這一點，很少人會察覺，但是它非常重要。

爲了避免被思惟形式影響，你可以採用以下方式。

首先，緩緩做幾個深呼吸，讓自己更敏感，然後提出一個問題，然後完全排除雜念。選擇一處安靜而舒適的房間。你在前一夜有充份的睡眠，並打開心胸，讓自己眞心想要深入知道你的身體有什麼感覺。在提問時，要留意你的想法是不是在你的手還沒有開始動作之前就已經浮現。不要理會你的心靈想告訴你什麼，排除所有雜念。提出了問題之後，設法讓腦子空白。不要以爲你原來的想法一定是正確的，要讓你的身體告訴你，它覺得什麼才是眞實。這需要花一點時間練習才做得到。你也可以試著在提出問題之後，想像自己置身於自己的身體之外，看著自己在做測試。

你如何得知所得到的答案是否準確？這很難用言語描述，你說你該如何描述你的頭髮豎起來的感覺？雖然很難，不過你最後總是可以出現一種感覺，你知道那是答案自動浮現，而不是出於你的偏見。當答案是眞正出自你的直覺時，你會湧出靈光一閃的感覺。

有別人在場時，不要讓他們聽到你的問題，免得你不自覺被他們的偏見影響。你可以先問一、兩個不相干的問題，然後才提出

天然的卜問工具

許多經驗豐富的卜問者到達了非常敏感的程度，不需要工具也能卜問。有人只需舉起手就能感受到皮膚的變化，彷彿有能量流過。有人可以透過他們的手、眼、耳和可活動的身體部位來感應。練習了一陣子的卜問之後，你會找到屬於自己的「天然」卜問工具。我在我的訓練課程上討論了這些技巧，既方便使用，也比較不顯眼，在公共場所使用時不致引人側目。

你眞正想問的問題，這樣一來旁邊的人就沒有機會用他們的想法誤導你的答案。

要把第一個出現的答案當成正確的答案。有些人在問出不尋常的答案時，會重新提出問題。如果你開始思考，而且你的偏見很強，或許會卜出你要的答案好讓你開心。然而，這個新的答案極可能是不準的。如果你實在覺得所卜得的答案很奇怪，就要求卜出一個肯定的反應，重新讓自己準備妥當，然後再問一次，並排除雜念。如果你獲得的答案確實來自直覺，你會出現我前面講過的那種感覺，而且會知道這是不是正確答案。假如答案是準確的，你內心會浮出一種很純淨的感覺。

卜杖求問法訓練計畫

首先，試一試「胃部溝通法」與「手重卜問法」，直到你取得了明確的答案。然後，分別製作一個古典版本和馬力超強版的擺錘，開始使用刻度表來檢測你的血壓，直到你可以獲得準確數值。等到準備妥當可以進行卜杖求問時，請對照以下表列的項目，確認你自己的狀況。

一待你取得了該有的資料之後就開始運用。改變你的飲食、衣著、常用顏色、運動方式等等生活方式，七天之後，你會覺得你這輩子從來沒有這麼舒服過！而你才剛剛開始感受到運用直覺來改善生活的威力。

用卜杖求問法測試下列各項對你造成的影響

衣著

鬆緊程度　緊身　寬鬆　一絲不掛

材質　棉質　絲綢　皮革　聚酯材質　亞克力棉　其他人造織品

其他衣著

顏色

紅色　橘色　黃色　綠色　藍色　紫色　紫羅蘭色　金黃色　白色　黑色　其他顏色

髮型

中長　短　極短　燙髮　其他髮型

髮色　自然色　黑色　褐色　金黃色　其他顏色

*把你所使用的**美容、美髮和化妝產品**列成清單，逐一卜問它們所造成的影響。

交通工具

騎腳踏車　搭公車　開車　搭飛機

住家的能量

床的位置　房間　房屋　入口　廚房　餐廳　廁所

地點

你住處的地址　所在城市　所屬區域、省或州　你的國家

工作場所

地點　你所坐的位置

聲音

家中的聲音　工作場所的聲音　旅途中的聲音

身體姿勢

躺著　搖晃　爬行　坐著　翹腿坐著　站著

與人擁抱　與人握手　與人親吻　走路　跳舞　快步走　慢跑　跑步　游泳

笑

大笑　一天最少需要笑幾次？　一天最多需要笑幾次？

沐浴

方式　淋浴　泡澡

水溫　冷水澡、熱水澡的效果

次數　一星期洗幾次

三溫暖　泡熱水澡或泡溫泉

飲食

一天吃幾餐　一天吃幾次點心　一天喝幾杯水

晨起後該在幾點鐘吃第一餐　一天該在幾點鐘吃最後一餐

每天攝取多少熱量

睡眠

床鋪的軟硬度

使用什麼樣的床墊、床單、床罩

房間照明　需要將房間弄暗些以避免一早光線太刺眼而醒來？

每天最少需要多少時間的睡眠

何時就寢　何時起床

性

對你的健康有什麼樣的影響

每星期、每個月的最少次數

每星期、每個月的最多次數

運動

每星期該至少做幾次有氧運動

每星期最多做幾次有氧運動

每次運動至少要做多久

每次運動至多可以做多久

運動類型，諸如走路、游泳、舉重、空手道、拳擊等等所造成的影響。

冥想

聽著可以放鬆心情的音樂會造成什麼影響

念頭與感覺的影響（程度由零到十）：回想憤怒的感覺　回想受到驚嚇的感覺　回想嫉妒的感覺

其他情緒與念頭對你的能量造成的影響

想像一個你受不了的人的模樣　想像你的配偶或朋友的臉

想著你的事業

＊把你日常作息詳細列成清單，逐一卜問各項活動對你的健康所造成的影響。

寵物

養寵物會對自己的能量造成什麼影響。

你在撫摸或輕拍寵物時，對你的能量造成什麼影響。

工作

你目前工作對你能量的影響

你有機會從事的其他工作對能量的影響

從事你夢想中的生對能量的影響

從事能讓你發揮天份及專長的生涯對能量的影響

每周工作時數　至少需要多少時間　最長可以工作多久

每天工作時數　至少需要多少時間　最長可以工作多久

休閒活動

每天至少需要休息的時間

每天最長可以休息多久

各項活動對於能量所造成的影響

閱讀雜誌（測試不同雜誌所造成的影響） 看報紙 閱讀書籍（測試不同類型書籍所造成的影響）

聽音樂（測試不同類型的音樂，包括你不喜歡的音樂所造成的影響）

看電視 看電影 欣賞現場音樂會 觀賞舞台劇

購物 閒逛 上咖啡館或去餐廳吃飯 訪友

玩電動遊戲 其他與上網有關的活動 烹飪 打掃房屋及清洗衣物

彈奏樂器 繪畫、捏陶或其他藝術性質的嗜好 寫作，日記、詩、小說不拘

在眾人面前表演或演說 去卡拉OK店，測試在你進入店裡和實際唱歌時的能量變化

去小酒館喝酒 去夜店跳舞

食物

把你常吃的食物詳細列出來，逐一測試它們對你的影響。

烹調方式（依照料理時的溫度，由低溫往高溫排列）

生食 發酵，包括芽菜 脫水 醃漬 燻製 煮 蒸 煎炒 烘焙 烤 油炸 燒烤

營養成份

蛋白質

牛肉 雞肉 蛋白 蛋黃 豬肉 鴨肉 鹿肉 羊肉

魚肉，列出你所食用的魚肉種類

食物的注意事項

食物應該注意很多事項。首先，烹調食物的溫度越高，食物的毒素就越多。

以麵包來說，它使用了好多種成分，首先是麵粉，而麵粉十之八九都加了防腐劑。此外是雞蛋、牛奶或奶粉、植物油、人工調味料、酵母、糖、鹽、色素，以及防腐劑。再者，麵包都是以高於攝氏一百度（沸點）的高溫烘焙而成，會產生一種名爲丙烯醯胺(acrylamide)的高毒性致癌物，使麵包成爲不利健康的食品。麵包的成分本身也許不會造成問題，但烘培麵包所用的高溫卻會製造有害物質。

反過來，中式的饅頭通常只用了麥、鹽、酵母，而且由於是蒸熟的，所以不會產生丙烯醯胺。

用卜杖求問法測試過了各種食物對健康的影響後，繼續測試每一餐的攝取量，以及每一星期的攝取量。有些食物的檢測值可能很高，但如果食用過量，效果可能會降低。另一種可能發生的狀況是，如果每天食用測試值很高的某種食物，過一陣子後那種食物對身體的影響會減弱。你要做的事可多了！

貝類，包括蝦、蛤蜊、貽貝、牡蠣。測試你所食用的每種類型

花枝　章魚

澱粉

麥（雖然全麥製品比精製品健康，可是如果你對麥類過敏，就不宜食用麥類。）

蕎麥　米　馬鈴薯　蕃薯與山藥　玉米　玉米澱粉

燕麥　大麥　中式太白粉　黑麥　粟

水果

檸檬　蘋果　橘子　香蕉　梨　桃　葡萄柚　葡萄

西瓜　香瓜　其他瓜類

草莓　鳳梨　木瓜　百香果　奇異果　椰子

藍莓　黑莓　蔓越莓　櫻桃　棗子　無花果

蔬菜

蕃茄　胡蘿蔔　萵苣　甘藍菜　各類的中式蔬菜，列出你食用的清單

大蒜　洋蔥　小洋蔥　青椒　紅辣椒

朝鮮薊　芹菜　花椰菜　綠豆　豌豆

荷蘭芹　九層塔　土茴香（蒔蘿）　芫荽

鱷梨　茄子　甜菜　蘆筍

蘑菇，列出你食用的清單

苜蓿芽菜　其他芽菜

小扁豆　菜豆　綠豆　大豆及大豆產品，包括豆漿、豆腐及豆腐製品　花豆

乳製品

鮮奶　發泡用生奶　冰淇淋　奶油　人造奶油

乳酪，列出你食用的所有乳酪　羊奶與羊奶製品

堅果與種子

杏仁果　胡桃　芝麻　榛果　花生　腰果　開心果　葵花子　夏威夷豆　栗子

調味料

鹽　白糖　紅糖　果糖　糖漿　蜂蜜　巧克力　楓葉糖漿

阿思巴甜（Apsartame）糖精

芥末　黑胡椒　白胡椒

牛至　百里香　迷迭香　咖哩　其他調味料

醋　醬油（大部分的醬油都含有麥，如果你不能食用麥，應該改用無麥醬油。）

魚露　辣椒醬　番茄醬　墨西哥辣醬　牛排醬及烤肉醬　其他醬類

油

橄欖油　葵花油　菜籽油　大豆油　麻油，生麻油及熟麻油都試用　琉璃苣油

亞麻子油　花生油　椰子油（許多產品中都含椰子油）　玉米油　植物油

飲料

食品添加物的問題

大部分人對食品添加物都很敏感，不宜食用市售的加工食品，包括熱狗、香腸、燻製食物、醃製食物和經過高度加工的食物，例如爆玉米花、洋芋片、棒棒糖和其他垃圾食物。啤酒、酒類及其他含酒精與不含酒精類飲料中，也含有許多亞硫酸鹽及其他化學殘留物。

此外，大部分市售的水果及蔬菜都含有殺蟲劑，包括蘋果、桃子、杏仁、草莓、甜瓜、西瓜、萵苣、番茄等等。有些在美國及加拿大禁用的化學物，會在進口產品中發現。所有的水果與蔬菜在食用前都必須徹底刷洗，以清除毒素與寄生蟲卵。然而有些殺蟲劑是洗不掉的，所以最好只吃有機水果及蔬菜。市面上的食品中，殺蟲劑含量最高的是咖啡、水果，尤其是乾燥水果，例如葡萄乾，紅酒裡也含有殺蟲劑，因爲釀製時的葡萄並未經過清洗。

還有荷爾蒙的問題。荷爾蒙使用在動物身上可以增加產量。這就使得大部分的乳製品及肉品中都可以找到荷爾蒙的殘留物。這些荷爾蒙會干擾內分泌，使得本就脆弱的內分泌失調。

可樂　汽水

啤酒　白葡萄酒　紅葡萄酒

烈酒，譬如威士忌、白蘭地、伏特加、利口酒等等

咖啡　紅茶，用來製作冰茶、英國茶等的紅茶　綠茶　花草茶，列出你飲用的種類

食品添加物　檢測你對硫酸鹽（亞硫酸鹽）、硝酸鹽（亞硝酸鹽）、食用色素、人工香料、氫化脂肪、防腐劑等食品添加物的敏感程度。

第3章　人際關係裡的直覺

「若懂得了聲音的奧祕，也就獲悉了全宇宙的奧祕。」

——蘇菲教派哲人哈茲拉特（Hazrat Inayat Khan）

S小姐是護士，在洛杉磯一家老人院工作。她與院裡一位八十多歲的老太太特別親近。有天凌晨三點，S小姐從惡夢中驚醒，她夢到她照顧的病人死了，那病人要她別擔心，還說雖然她們無法再見面了，但仍要謝謝S小姐曾經給過的照顧，並且說很喜愛她。醒來，S小姐就覺得不祥，於是打電話到醫院查問。她得知那位老太太在凌晨三點左右過世。

我個人也有過這類的經驗。最奇特的一次經驗是我有一次人在美國加州的桑塔克魯茲（Santa Cruz），凌晨兩點鐘，我睡得很沈，夢到了我母親……漸漸變成惡夢，然後嘎然而止。我突然噙著淚水醒來。我記不得夢境細節，但覺得我母親出事了。

我迫不及待打電話回我加拿大溫哥華的家中。我三個星期沒打電話回家了，眞不知道是不是發生了什麼事。我父親接起電話，非常驚訝我竟會在這時刻打電話回家；他說他剛從醫院回來，我母親因爲懷孕胎位異常而突然血流不止，在半夜緊急送醫接受急救手術。

許多人也曾有過類似的經驗。這種經驗應該如何解釋？

首先想到的是，人與人之間可以用意識無法察覺的無形方式進行溝通。最近科學界開始用暗示的方式指出上述這種想法或許是正確的，也提出線索說明這種無形的溝通可能是如何運作的。已經有科學研究顯示了一種「生物光子」(Bio-photon)，存在於活細胞裡，而光子帶有頻率——既然是頻率，也就蘊含了資訊。(用來傳播無線電及其他類型資訊的聲音、微波和其他的能量形式，就是以頻率在傳送資訊。) 生物光子含有資訊，並把資訊往外傳播，被其他活細胞接收。如果你非常敏感，與別人靠得很近，你就能接收到對方的個人資訊，而對方渾然不覺。

這個生物光子的說法可以解釋很多特異功能的原理。例如通靈、讀心術、精神測定學（psychometry，用譬如戒指之類的物件來感應的方法）等等神通。由於這類現象缺乏證據，科學界一向斥之爲無稽。到了最近幾年，越來越多接受器官移植的病人經歷了無法解釋的體驗，譬如有人對於食物的喜好改變了，或者產生了新的興趣與嗜好，有人甚至會在腦中浮出某些名字。這些病人試著追蹤，這才發現原來這些變化都與捐贈器官的往生者有關，他們感應到的名字若不是這位捐贈者，就是他們心愛的人，而這些接受器官移植的人當初並不知道捐贈者的任何個人資料！

生物光子的研究，吸引了科學家深入探究這種無形的人際溝通是怎麼一回事，不過這方面的研究還有很長的路要走。然而，無庸置疑的是，我們確實可以接收到無形的資訊，而即使我們的意識並不知道自己接收到了什麼，我們在潛意識的層面也已經受到了影響。這種影響通常是負面的，對於身體和情緒有害。所以，在開發直覺力的時候，務必了解是哪些因素在影響著我們，以及萬一這種影響是負面的時候可以如何自保。

共振頻率的作用

若要發展這個層次的直覺力，首先需要一套模型，用它來理解肉眼看不見的頻率(freguency)所形成的世界。幸好，兩千五百年前，數學之父畢達哥拉斯就發現了這一點，他在一把「單弦琴」(一種豎琴)上面繫了兩條弦，經過調音，讓兩條弦發出同樣的音調，他發現，他在撥彈其中一根弦時，另一根弦也會振動。畢達哥拉斯的這項發現，就是我們今日所謂的「和聲共鳴」：當兩個頻率調整為「同頻」(in tune)，也就是頻率相同的時候，其中一個頻率所蘊含的能量會傳送到另一個上面。

你曾經對著吉他的音箱唱過歌嗎？如果你試過，你會發現每一次你發出某個音符時，吉他的某條弦就會振動，模擬你聲音的音階。這是因爲你用你的聲音創造出一種振動，與那條弦有相同的音調。你聲音裡的能量傳送到那條弦上，使它振動。

把一部調音器放在一個酒杯之前，或是讓一個聲樂家對著酒杯唱歌，就可以明顯看到，如果發出的音調與杯子的頻率可以共鳴，杯子就會開始振動，甚至會因爲無法承受所傳送過來的能量而被震碎。

歷史記載羅馬人知道此一現象。羅馬軍隊行經橋樑時，長官會下令兵士要用便步走，換句話說就是不能齊步走，因爲如果他們的行進頻率與橋的共振頻率相同，橋可能會被震垮。每個人用自己的速度前進，各種頻率混雜，便可避免把橋震碎。

現代工程師也對這種現象提高警覺。對土木工程師來說，大自然的力量譬如強風、豪雨、地震，假如與橋樑、水壩或其他建築的共振頻率相同，將會釀成災禍，造成建築物坍毀。這種情況確實曾經發生過。

美國華盛頓州的塔柯馬大橋（The Tacoma Narrows Bridge）是全世界第三長的吊橋，全長五千九百三十九英尺，在一九四〇年十一月七日那天，風速、行經汽車的振動和其他複雜因素加起來，與橋的共振頻率完全吻合。於是橋開始緩緩搖晃，上下振動，逐漸累積了動能，最後終於因爲晃動得太激烈，支架無力支撐，整座橋坍塌掉入河中。

這種作用也會對人類造成影響。人體也有共振頻率。在十九世紀初期工業革命發軔之際，機器多半是龐然大物、聲音吵雜、動作遲緩，有時候機器所產生的低頻振動與人體的低頻波完全相符。在機器附近工作的人開始出現嚴重的健康受損現象，包括因為腸道和其他內臟破裂導致內出血。發現了原因是因為共振現象之後，就很容易解決：把機器的速度略微加快或減緩，工人就沒事了。

在第二次世界大戰期間，德軍試圖製造一種「魔音彈」，這種武器會產生與人體相同的振動頻率，它可以殲滅士兵而讓建築物完好無損——問題是這種武器不只會翦除敵軍，也會消滅該地區之內的所有生物，包括他們自己的部隊。顯然正是因此而沒有進一步發展這種武器。

爲什麼我們越來越相像？

科學研究顯示，聲音的振動會在不知不覺間影響我們，那麼別人與我們的心靈交流會不會造成影響呢？有沒有什麼因素會增強或減弱生物光子的交流？這一點可以用聲音共振模型加以闡釋。雖然說人與人間會有動態共振，不過每個人的頻率都是獨特的，沒有兩個人的頻率完全相同。依照能量傳送的方式來說，兩個物體的頻率越接近，它們之間的能量傳輸能力就越強；而儘管每一個人的頻率都是獨特的，但如果能把頻率調整成與對方接近，則人與人會越來越相像，他們的頻率也會逐漸類似，也就更有機會達到傳輸。爲什麼會這樣？從新近的心理學研究發現來看，答案呼之欲出。

「神經語言學計畫」(NLP, Neurolinguistic Programming)是由理察・班德勒(Richard Bandler)與約翰・格林德(John Grinder)所展開的研究計畫。他們研究成功的精神治療師如何工作，發現他們都擁有某些特質，譬如他們都很懂得如何獲取患者的信任。假如醫病之間存在著信賴感，治療便可見成效。有意思的是這個建立信賴感的過程。

班德勒與格林德研究發現，當人們互相模仿彼此的非語言信息，這時便建立了信賴感。例如，有一個人蹺腳，其他人不久也會跟著蹺起腳來；有一個人說話的語氣溫和，另一個人也會輕聲細語；某人使用特殊的措詞，另一個人也會開始使用同樣的字眼。

這種過程稱爲「映照」(mirroring)，經常出現在生活裡，你也一直在做這件事而不自知。不妨試試，下次你與朋友碰面時，留意你自己的身體和四肢的姿勢，然後偷偷觀察你的朋友會不會跟著你做。如果他們確實和你的姿勢類似，你就再改變姿勢，蹺起腳來，或者搔鼻子，或挪動你的手的位置。如果你的朋友還是跟著你變動，這就表示他們確實對於你所說的話很感興趣，他們同意並信任你。你只要發現了一次，以後就隨時都能發現！我們會模仿別人的臉部表情、姿勢、呼吸頻率、語氣、手與腳的擺置與動作，幾乎無所不模仿！

感受到病人的肝痛

一九八七年夏天，有位名爲凱蒂的四十五歲女性來到我們位於加拿大溫哥華的自然療法中心。她罹患了乳癌，癌細胞已擴散至骨骼與肝部。她接受了幾次的手術、化學治療和放射線治療，但都無法抑制癌細胞的蔓延。她的醫師說她已經到了末期，來日無多。

她來到我們診所，但她負擔不了住院費用，於是我們規畫了一套健康計畫，讓她在家裡進行。她攝取了良好營養一個星期後，覺得強壯了些，但肝部仍感疼痛，而且越來越痛。

對她來說，這表示她肝部的癌症並未好轉，醫師也警告她，若她肝部的癌細胞持續擴散，她很快就會撒手人寰。我們知道，她肝部如果繼續痛下去，意味著她復原無望，假如眞要幫助她，得先設法讓她止痛。

我一與凱蒂見到面，就覺得一見如故。經過一個星期療程後，我聽到她說她心灰意冷，便提議採用雷射針灸療法來止痛。她覺得一試無妨。我讓她面朝下，趴在一張按摩桌上。我把一隻手擺在她的肝部下方，撫觸她下背部，另一隻手則擺在她的肝部上方，壓著她的腹部右側。我擺在她腹部的那隻手的手指之間，夾著一種特殊的LED（發光二極管）光療儀。

我問她感覺如何。她表示很舒服，但肝部依然非常疼痛。我看著紅光映照在她的肌膚上，覺得心情舒緩。這時我突然發現自己覺得好累，心裡想著爲什麼會這麼累……前一夜我睡得不好嗎？正當我想著這些時，突然感覺到肝部一陣劇烈的刺痛。我從她身旁跳開，雙手環著身體，痛苦萬分。

「不痛了！」她卻說：「我肝臟的痛感消失了！」

「不對，我想你的痛轉移到我身上了。」我回答她，並且在如錐心刺骨的劇痛中喘息。

這怎麼可能？我不敢相信。然後我開始深呼吸，藉著意念的力量把痛感驅離我的身體。

過了幾分鐘，我繼續做著深呼吸，並對自己說：「你不是我的痛，離開我的身體！」最後，疼痛消失了，凱蒂的容光煥發。她的肝部痛感已完全消失。

你可以在湯姆・漢克斯（Tom Hanks）主演的電影《綠色奇蹟》（The Green Mile）裡看到有一段情節就用戲劇方式把這種現象加以呈現。那部電影說的是一個黑人經由吸收負面能量而獲取了治病的能力，電影中所做的描述不完全正確，然而基本概念倒是沒有錯。

模仿，可以持續一輩子

人與人之間模仿肢體語言或是「映照」，最後甚至會形成深刻的結果。據說人們住在同一個屋簷下久了，看起來會很相像；人與人相互模仿臉部表情，使得臉部肌肉建立了新的位置，讓他們看起來長得很相像。

動物與人類之間也有類似現象。愛狗、愛貓並與寵物朝夕相處的人，會發現他們的寵物出現了和他們相像的特質，有時甚至連臉部特徵都很像！曾有人舉辦過比賽，誰家的寵物與自己最像，冠軍得主的照片眞讓人嘆爲觀止。

人與人之間這種相互模仿會導致他們之間的頻率漸趨一致，這時，依照「能量交換」的道理，就可以更容易傳輸能量。到最後，如果你夠敏感，而且與另一個人「心有靈犀一點通」，就會開始接收到他們的信息；你越是敏感，就會越明確知道那是什麼訊息。

能量傳輸實驗

你可以做個測試來理解能量傳輸如何運作。下次你和朋友相聚的時候，聊了一陣子後，你想著某件事情，但不要說出口。你可以想著某個主題、某種食物或飲料、某個人、或者想著你要上洗手間。一會兒，很可能你的朋友就會提出你心中所想的話題。注意：

如果你想的事情會令人感到尷尬，假如你的朋友感應到了，他可能不會說出口。

人與人之間的思想與感受隨時都在互相傳輸，但如果你不懂得分辨，你就會不知道有這些傳輸。這種傳輸現象最令人擔心的事是，一旦你留意到它並了解它之後，你會開始懷疑你腦中的想法究竟是出於你自己還是周遭的人傳輸給你的！對許多人來說，他們所體驗到的大部分思維都是來自別人！

這種現象在醫學界是很常見的。男性在妻子分娩時就常會出現這種「感同身受之痛」(sympathy pains)。女性感受到了臨盆的陣痛時，她們的先生在生殖器與骨盆處也會感受到類似的疼痛。有些男性在他們的妻子來月經時，也會在他們的下骨盆處感受到針刺一般或隱隱的痛感，彷彿他們也有卵巢而且

當垃圾桶是要付出代價的……

傳輸的最經典範例是與友人相聚之後的感覺。朋友之間常常互相傾訴煩惱。如果朋友向你吐苦水，而你聆聽並表示同情，你很可能回家後會覺得疲累，甚至無法入睡；但你的朋友回家後覺得暢快許多，因為他們在交談中把他們的負面感覺丟到你身上了。如果你對這些能量不採取任何行動，你的免疫力將會耗弱，變得容易感冒、舊病復發、內分泌失調，甚至出現別的健康問題。

正在來經。這種感受是眞的，而且可以持續幾天，通常要到妻子的經期結束爲止。

傳輸甚至可能會導致感冒。如果你與某人的頻率接近，他喉嚨痛或感冒了，則不久你也會出現喉嚨痛，你心想「糟了，我被他們傳染了」，但你很可能不是感冒，而是接收了他們的感覺。很多種情況都會造成喉嚨痛，包括喉嚨肌肉緊繃。一個感冒的人坐在你面前，由於他們的喉嚨肌肉會緊繃，於是一段時間之後，你映照了他們的肢體語言，你的喉嚨也會緊繃。緊繃的肌肉會降低喉部的血液流量，因而降低了該處的免疫力，成爲病毒傳播感冒時所需要的溫床。要特別注意的是，這現象在講電話時也會發生。如果你與某個罹患感冒的人講電話，你會與那個人同頻，你會開始出現喉嚨肌肉緊繃，變得容易感冒。爲了避開這些，請繼續往下讀。

先自保，再對別人好

越是細心、體貼而善於溝通的人，越容易感受到別人的思緒與感覺。人在花時間精力與別人坦誠溝通的時候，就會發生傳輸現象，但這樣有好有壞。一方面，傳輸是一種自然的情緒抒解及治療過程，所以我們在與關心的人交談時，也就是在協助他們療癒。這是傳輸的正面作用。但萬一遇到了極爲冷漠或反社會的人——這些人總也有與人溝通的時候——就要小心。若要長保健康，就務必自保，以免接收到不良的思緒與感覺。

自保之道第一步：辨認你所接收到的負面能量。

首先，你必須感覺敏銳，隨時留意自己的感受，並注意任何突然的變化。譬如有沒有前面講的那些狀況，與朋友相聚後覺得疲憊，或者發現一些不尋常的改變，譬如變得很難控制脾氣、喜怒無常、身體出現新的疼痛（頭痛、膝痛等等），很累但很難入眠，或是在睡醒後覺得根本沒有得到休息，或者出現其他難以解釋的變化。如果有上述狀況，你就應當懷疑自己是不是接收到了負面的思維與感覺。

務必在接收到負面能量的時候就發現，否則你會以爲這是你自己的能量。你的身體會變得彷彿你有問題。知道自己接收到了別人的能量，你就可以選擇要不要把那些能量留在身上。如果感染到了正面能量當然很好，你該多與那位傳給你正面能量的人相處……譬如常常與朋友開懷大笑！但如果是不良的能量，你就可以選擇把它排除。

一接收到負面能量就加以辨識，這會讓你留意到你原本視爲理所當然的感覺與感觸。千萬別忽視這些現象，要設法感覺到它們。這是開發直覺力很重要的一環。

自保之道第二步：排除

辨識出那不是你的能量之後，你必須告訴自己：「那種糟糕的感覺（或痛苦，或體內產生的任何負面變化）不是我的，是某某某（如果你知道是誰，就說出他們的名字）傳給我的！」接下來，你要採取下列方式來把它排除。

在排除之前，我們要先說明傳輸是如何發生的。

腦子有兩種不同的模式：

A、發送模式。這時我們是眞正的自己，心中所想的是我們自己的思惟，我們的肢體語言也完全不受周遭的人影響。

B、接收模式。這時我們把自己變得像別人，敞開胸懷聆聽別人的想法，並聽任我們的肢體語言模仿別人。

處於接收模式的時候，我們會映照周遭的人，就如「神經語言學計畫」所述，像收音機一樣可以調到某個電台的頻率，把自己

生病時要留意你與什麼人相處

生病時，假如還與其他病人或鬱鬱寡歡的人相處，你會很難痊癒。你假如有健康上的問題，要格外留意你與什麼人相處。如果忽視這種傳輸現象，它將會成為你健康上的一個脆弱環節。

這一點說來簡單做起來難。萬一你的某個家人就是負面能量的來源，就很頭痛。這時你必須果斷採取行動，例如搬出去住，或採取其他更強烈的方式，遠離那些帶著負面能量的人。

調整成與面前的人同頻。他們是傳播訊息的電台，我們則成爲接收器，照單全收。在聆聽別人談話時、在疲倦並讓心靈放鬆時，以及偶爾在就寢時，就是處於接收模式。

大部分時候都是處於腦部接收模式的人，是所謂的「追隨者」，或受害者，他們不會對別人所說的話提出質疑。無論他們多麼悶悶不樂，也會收下壓力或不公平待遇。他們不會採取行動解決問題，而會把自己的坎坷際遇視爲命中注定。他們不喜歡運用創意，卻是很好的消費者。而他們經常在遭逢不幸時怨天尤人。

至於腦子主要處於發送模式的人，則可說是「領導者」，他們凡事質疑，沒有幾件事能讓他們相信。他們先照顧自己再考慮別人。他們面對不公會起而抗爭，面對壓力也會設法抗拒。他們喜歡發揮創意，把大部分時間花在交談與思考。當我們對問題提出質疑、發揮創意、力求表現、展現領導力時，就是處於這種發送模式。

大多數人都在這兩種極端之間移動。然而，重點是，當我們處於發送模式時，就不會接收傳輸。我們的身體發送出能量，就如無線電發報器發送出廣播。

許多醫師在不知不覺間運用了這套原理自保，以免接收到病人的疼痛與疾病。你或許曾注意過有些醫生的態度很粗暴，尤其是每天要治療大量病人的醫師。他們不會直視病人的眼睛，似乎也只在意儀器圖表。他們使用漠不關心的語氣，口氣通常強而有力，而且說話內容簡短扼要。這樣做可以使他們處於發送模式，也攔阻了病人的傳輸。這對醫師有好處，卻會使得病人覺得沒有得到關心。

類似的性格也會在那些難以伺候的老人身上出現。他們的性格顯得極爲自私，他們通常也懂得享受人生，而且不在乎別人要爲此付出什麼代價。他們不浪費時間擔心別人的問題，因爲他們忙著享受美好時光並照顧自己。他們認爲，你的問題是你家的事，各人造業各人擔，別怨天尤人。這些人通常脾氣暴躁，但很容易就會忘了是什麼惹怒了他們。他們彷彿天生對壞能量過敏，一感覺到別人有負面情緒立刻板起臉孔，態度上可能也會略顯粗暴。他們可能很容易發脾氣、吼叫責罵、遇到不順心的事就立刻還擊。這些人是「堅硬的老餅乾」，因爲他們即使生活方式不健康，也會活到很老。

隨身聽自保法

如果你必須聚精會神，卻又必須置身於人聲鼎沸的咖啡館、公車上、飛機上，或其他公共場所，你不妨攜帶一部隨身聽之類可以播放音樂的裝備。儘可能選用品質優良的耳機，好好享受音樂。你只要能創造屬於自己的環境，你的思路就會更清晰。

我們若想排除負面能量，就要進入發送模式，不接收任何能量。但我們也得再做一件事，就是必須享受到欣喜若狂的體驗。我們必須樂不可支，最好能把煩惱全拋諸腦後，而且必須處於這種快樂狀態至少二十分鐘。

防堵負面能量

最好是在負面能量進入你的身體之前就把它擋住。如果你身邊出現了讓你覺得消沉疲累的人、病患，或是在某方面抱持負面態度的人，最簡單的應對之道是發脾氣——不是在他們發脾氣之後才回應，那就為時已晚，而是要先發制人！竟敢帶著問題來找你！你大發雷霆，然後揚長而去，什麼話都不必多說，只要離開現場，否則就把他們趕出去。離得越遠越好。然後，你把這件事拋開，去看場電影、讀本書、做別的有趣的事。這方法或許會使得你看來似乎冷酷無情，然而很有效。

如果你不想那麼蠻橫，那就留意對方的姿勢、臉部表情和語調，然後讓你自己與對方完全相反。如果他們輕聲細語，你就扯開嗓門；如果他們生氣，你就眉開眼笑；如果他們使壞，則你應該為他們感到遺憾，並對他們展現親切態度。但是如果他們很親切呢，那麼你就對他們兇一點。總之無論如何都不要與他們起共鳴，如此便可自保，避免被他們的負面能量影響。最重要的是不要相信對方告訴你的任何事。對於他們和他們所說的

盡情享受，排除負面能量！

欣喜若狂意味著全心全意樂在其中。這對許多人來說很難做到，因爲他們不知道如何隨心所欲讓自己開心。不妨參考以下幾點建議：

一、最方便也最快速的方式是**開懷大笑**。必須笑二十分鐘以上，所以你得找些笑話大全來讀，或觀賞喜劇錄影帶，或打電話給最愛耍寶的朋友。

還有一個方法，要四下無人的時候才能做，否則別人會以爲你發瘋了：你站起來，開始大笑，一開始會笑得有點勉強，可是接下來就想著你心煩的事，設法找個輕鬆的角度看它，想著傳送負面能量給你的人或是讓你接收到負面能量的場所，然後發揮你的創意用搞笑的眼光看待，然後大笑，笑得越大聲越好。你會發現，幾分鐘後，你想不笑都很難……如果和朋友一起做會更有趣，因爲笑是會傳染的。

二、**一哭二叫三亂打**。四下無人時，不妨讓自己放聲痛哭，大聲尖叫，或是其他強烈的方式來抒發。也可以找個沙包，使盡全力揍幾拳。你必須讓你的情感完全抒發至少二十分鐘以上，直到你感覺放鬆了爲止。

三、**來一場銷魂蝕骨的性愛**，至少二十分鐘以上。無論你是不是自己來都無妨，總之一定要達到如醉如痴的境界。這可能很難做到，但你至少知道有這麼個方法！如果在性愛之後仍然感受到負面能量的影響，就得再做一次，而且要更加饑渴也要持續更久。如果一直不行，不如改做別的事，譬如大笑！

四、**緩慢呼吸，進行冥想**。假如你有這方面的經驗，就至少做二十分鐘，如果你沒有這方面經驗就要持續一個小時以上。這方法的難處在於必須找個安靜的地點並接受正確的訓練，可是它非常有效，而且可讓人完全放鬆，若在就寢前做，可以讓人酣然入睡。

五、**發揮創意**，但必須是非常集中表現創意。所謂集中表現，通常是在表演的時候。如果你有唱歌或演奏的雅興，這就容易做到；如果沒有，則不妨到卡拉ＯＫ店去歡唱一個鐘頭。即使你五音不全，但是前面沒有聽眾，你便可以不必壓抑，體驗徹底放鬆的感覺，負面能量也會隨著歌聲遠颺。

六、**跳舞**。如果你是專業舞者，你就得做一場舞蹈表演才能奏效，而不僅僅是參加一場舞會就可奏效。較好的方式是一種稱爲「入神舞蹈」(Trance Dance)。

在伸手不見五指的暗處，隨著音樂獨自起舞。如果旁邊有別人，就把所有人的眼睛蒙住，然後你依循你的靈魂起舞，二十分鐘後你會覺得飄飄欲仙。不要停下來，繼續跳十分鐘，或跳到你累癱了爲止。這是絕佳的運動，還可以減肥！

我開設了一堂「動力舞蹈」的課程，帶領學員做伸展操、跳「入神舞」和冥想。這是一種排除負面能量與情緒的好方法，甚至可以自我療癒。

七、**運動**也可以達到欣喜若狂的境界，不過體能狀態足以持續二十分鐘的人不多。大部分的運動不像馬拉松或其他長跑比賽，所能達到的狂喜狀態都像曇花一現，因此不足以排除負面能量。

八、**喝酒**也有效果，但要小心別喝過量傷了身，也別喝醉，以免造成宿醉。如果非要喝酒不可，至少要喝最純的酒類。紅酒是身體最容易接受的酒，造成的危害也最輕微。儘管酒類含有會引起不良宿醉反應的化學物質，但也含有許多有益健康的物質。相較之下，蒸餾酒會損害腸胃和肝臟，而且蒸餾酒裡含有很多會造成宿醉的化學物質，喝下後，身體要花一、兩天才能恢復。啤酒也含有許多爲了提升口感與穩定品質所需的化學成分。

話都要抱著懷疑態度加以批判，並先認定他們是騙子，然後想辦法推敲事實眞相。

務必注意音樂或其他背景聲音。如果你和別人聽著同樣的聲音，你會自動調整成與他們同樣的頻率，即使你沒有與他們交談也會開始進行傳輸。有鑑於此，遠離別人所在的那個環境是有幫助的；若你不想離開，至少應設法打斷音樂或聲音來源，或戴上耳機聆聽不同的音樂。你必須讓你的內在與外在環境完全與對方不同，才能避開對方的負面能量。

假如可以讓自己與你身邊的人不一樣，你就不會與他們同頻，因而避免了傳輸。不過，這樣做的副作用是會讓人覺得你很粗暴無禮而古怪，對你敬而遠之，也就變得很難維繫人際關係。

能量傳輸在許多方面都會影響生活。假如能淸楚知道這項原理如何產生影響、如何發生，我們就能加以防備。這可以提高你的敏感度，增強你的直覺力。以下是幾個例子。

傳輸對於兒童的影響

對兒童來說，傳輸的影響力非常明顯。兒童就像海綿，他們對於溝通是完全不設防的，很容易把頻率調整成與他們周遭的人相同。如果讓他們置身於不健康或不快樂的人旁邊，可能很危險。兒童在許多方面都受到父母的情緒與感覺擺佈。許多小兒科疾病難以根治，這是因爲傳輸給兒童的負面能量就來自他們的父母或其他至親。

天下最悲慘的事莫過於無辜的兒童罹患重病了。他們才剛剛展開新生命，就得爲存活而奮鬥。面對重症兒童，千萬不能輕忽傳輸的因素，這關係到孩子的性命。

有一位十五歲男孩罹患糖尿病，他父母把他送到我們位於加拿大的健康中心來，但父母住在另一座城市，無法陪他前來。男孩原本是個體格健壯的運動好手，由於纏綿病榻而變得骨瘦如柴。我們讓他接受生機飲食療法，只食用水果、蔬菜、核果、芽菜，一個星期後他的血糖就回歸正常。不久他回復正常飲食，並繼續留在我們中心。一個月後，他的體重差不多回復，可以回家了。然而他一回到家，糖尿病再度復發。

這時我們知道，問題不是出在他的胰臟，他的胰臟只是在抱怨他的生活情況罷了。是他的家人使得他在情緒上吃不消。問題的癥結是他在家裡所承受的壓力，以及他父母傳輸給他的問題。若不能協助解決他與父母之間的問題，他將無法回復健康，並且在回家後繼續保持正常。

許多夫妻的婚姻失和，但爲了孩子勉強繼續生活在一起。但他們把自己的負面能量傳輸給了孩子。夫妻就算不在孩子面前口角，也會在無形中影響子女。爲了下一代著想，怨偶們應當設法先解決自己的問題，否則就應仳離。

認識到了能量的互動，以及能量對於生活的影響之後，我們不得不對無法勝數的例

愛抱怨的媽媽，使得寶寶生病

我有一位患者的新生女嬰體弱多病，經常哭鬧。那個寶寶總是一場感冒才剛痊癒，很快就又生病。我的患者敘述著自己的問題，並開始啜泣，說她受不了寶寶這樣體弱多病，然後開始訴說她人生裡的其他問題，她的婚姻不對、經濟處於困境，再加上寶寶生病，她簡直要崩潰了。我向她解釋，她的寶寶也許是因爲接收了她經歷壓力時所傳輸的負面能量所以生病了，更明白一點的說法是，她的寶寶在感覺著她的感覺。

若想治好那個孩子，她必須徹底改變，妥善處理她所有的人生問題。聽到我這樣建議，她覺得很詫異，但表示願意爲了孩子設法改變自己。她在孩子身旁時會刻意讓自己打起精神。幾天後，那個寶寶不再哭鬧，感冒也痊癒了。

後來寶寶又生病了，她再度來找我，哭著埋怨她必須照料孩子，還要應付新問題。我問她是否照著我的吩咐去做了。她愣住了。她完全忘了能量傳輸這回事了。於是她又一次遵照我的囑咐，寶寶也又康復了。

子瞠目結舌。各種能量之間的互動都會影響我們的思考、感覺方式、我們的健康，幾乎是生活中的一切。

兒童會因爲各種不同的原因生病，不只是因爲能量的傳輸。然而，他們一旦生病，就會向身邊的人求助。這表示他們會竭盡所能與身邊的人溝通，也因此使得自己毫不設防。在這種狀況下，他們很容易經由傳輸而接收到負面感受，假如不加防範，他們就很難痊癒。

最理想的情況是病童身旁的人沒有任何負面思想，而且只能出現譬如大笑、讚美、鼓勵等等正面感受。他們探望病童時應當不帶一絲悲傷或其他負面感受，否則他們的探訪只會帶來壞處。美國有位小丑醫師派屈・亞當斯（Patch Adams），他的見解就相當正確：醫院應當是充滿樂趣與歡笑的場所，如此才能讓身體的療癒能力發揮到極致，並防堵負面能量的傳輸。

在超市大排長龍

你在超市時是否曾覺得奇怪，爲什麼有時候你剛進超市時明明看到收銀機前空無一人，但你採購完畢準備結帳的時候，卻突然大排長龍？大家似乎都在看著你，而且想與你同時結帳，跟你過不去。

造成這種情況的可能原因是，當你心中想著你已採購完畢時，別人也有同感。這種感覺傳輸了出去，然而沒有人察覺到。人人都認爲那是自己的感覺。

這種傳輸尤其可能因爲背景音樂而發生，背景音樂會使人們的頻率調成相同，因而使思惟的振動容易傳輸。

不想在結帳時大排長龍，下回購物時就先把你想購買的物品全部列在清單上，然後逐一購足，不要分心。不要瀏覽或觀看其他看來不錯的商品，就只取下你要的物品，然後直接走向收銀機，不要在心裡想著你買的很匆忙。這樣你就可以捷足先登，率先結帳。

在超市工作的人可以證實這種現象，結帳的人潮都是忽然湧現，有一陣子空無一人，一會兒又似乎所有人都在同一時間前來結帳。

聽演講時昏昏欲睡

你可曾留意過，在聽演講時，即使講者的主題很吸引人，有時候還是難避免會「夢周公」？下次你遇到這種情況時，記得環顧四周，你或許會發現身旁有人在呼呼大睡。那或許是因爲你正處於接收模式，接收到了某個打瞌睡的人所傳來的睡眠振動，而你的身體已經與這些振動調成同頻，所以開始覺得昏昏欲睡。

想要保持清醒，有兩種選擇。第一種是換位子，遠離那位正在夢周公的仁兄，不讓他們的能量影響到你。或者你不要再只是聆聽，而是開始質疑演講的內容，設法找出講者說錯了什麼。試著找出講者所說的話中哪裡有趣、哪裡正確，但是哪裡沒講清楚，並寫下你的疑問。稍後有機會便向講者討教，爲你的問題尋找解答。如果你太睏了，不妨先換座位再提問題，藉此讓自己清醒。如此你才不會聽著聽著又睡著。

另一種可能令你昏昏欲睡的能量，是演講者心中想的比他說出來的還多。假如講者沒有幫助聽衆聽懂他在說什麼，聽衆就會昏昏欲睡，覺得茫然，或者心不在焉。傑出的演講者會用問題及幽默來讓聽衆與他同頻，讓他們思考並仔細聆聽。講者與聽者同頻，傳輸與接收得以順利進行。

如果你是學生，應當學習運用這些原理

白跑一趟

遇過這種事嗎？與某位友人相聚，你突然覺得想上洗手間，而這時你的朋友剛好起身朝洗手間走去，這時，你的尿意就紓緩或消失了。當你與這位友人的頻率相同，就可能發生這種事。也可能出現另一種情況，你接收到朋友的感受，覺得非上洗手間不可，但你進了洗手間發現是白跑一趟。這是因爲，你感覺到了身旁有人憋不住了。

講電話時或在線上聊天時也會發生。你與交談的對象越親近，互相傳輸的訊息就越多。

來讓自己事半功倍。在聽課時，不要只顧著把上課內容寫成筆記，重要的是質疑及思考所聽到的內容，並把你自己的結論或問題連同筆記一起寫下來。如果你能在講課內容一出現的時候就形成清晰的認識，你就可以馬上學會，不需要在課後再花時間複習。

暗戀的警訊

如果你對某個你原本不感興趣的人產生了不一樣的感覺，即使對方不是你所喜歡的類型，你也開始覺得對方是帥哥或美女，這就是一種警訊：這表示可能有人愛上你了，或正迷戀著你，一看到你就戀慕著你。

這種念頭會激發強大的能量。如果你不知道發生了什麼事，你就會有所回應。每次你看到那個人，就會接收到他們的思緒，或

避開了一張罰單

你可曾在開車超速時，突然發現你的心跳加速或心情緊張？這是警告，要你減速，因爲極可能下一個轉角處就停著一部警車，或者會發生意外，或者藏著一部雷達測速器。這原因可能是因爲你接收到前方車子裡的駕駛所傳來的振動。你與其他駕駛之間的頻率可能在相當程度上是相似的，因爲你們都坐在車內，而且看到同樣的景像。若前方駕駛的感覺夠強烈，這種同頻的程度就足以讓你接收到他們傳輸的訊息。

許也會開始把他們的想法當成你自己的想法。你或許會覺得這是命運的安排，墜入一場轟轟烈烈的戀情。若你對於進行中的傳輸渾然不覺，你可能會誤入情網。但這念頭並不是發自你內心。若你眞的與那人交往了，你們的關係將無法持久。有朝一日你會遇到你的眞命天子或白雪公主，到時候你若不是帶著相見恨晚的遺憾，就是會與現有情人或配偶分手。

這種現象，往往是造成婚外情的開端。婚姻狀況不良的人，以及與異性一起工作或緊密接觸但關係不睦的人，都極易接受這類的傳輸。假如互相吸引，遲早會因爲能量傳輸而墜入情網，然後一發不可收拾。下次你覺得深深受到某人吸引時，請問你自己：他眞的是我屬意的類型嗎？我的生活是否如意呢？如果你對這兩個問題的答案是否定的，你最好保護自己，以免做出日後懊悔莫及的事來。

公共場所的傳輸

在公車、飛機、汽車、火車、地鐵或其他公共場所都可出現傳輸，只要衆人聆聽著同樣的背景聲音便可能出現，而任何感覺都可以傳輸。這是暴動之所以會發生的原因之一，也是運動場上出現暴力的肇因之一。

假如你身邊有人在心中想著要動用暴力，或者正在施暴，他就會發出振動。不久，周圍很多人就會有同樣感覺，很快就會天下大亂。傳輸，會使原本性格平和的人也加入暴力行爲。

務必記得，我們在公共場所可以接受到各式各樣的思緒與感覺，使得我們明明沒有遇到挫折也感到心灰意冷；明明吃飽了，可能也會覺得飢腸轆轆；分明不累，竟然覺得有氣無力；無緣無故就亂發脾氣。假如我們的能量夠強，而且我們的心靈處於接收狀態，我們就會接收到一切的思緒或感覺。

工作場所或其他公共場所的背景音樂會使得你毫不設防就收下不良的感覺。爲了自保，你應盡可能避免在公共場所與別人一起聆聽音樂。把工作場所的音樂關掉，或者自己攜帶隨身聽，戴上耳機，聆聽你自己的音樂。讓你自己和你的心靈都忙於工作，假如

神祕的昏昏欲睡

如果你與某人相處，而你發現你在他們說話的時候覺得昏昏欲睡，那表示他們藏了一些事在心裡未向你透露。這一點在與業務員接觸的時候極爲重要。若你發現業務員正在用三寸不爛之舌向你推銷，而你覺得很難集中注意力聆聽，這就意味那個業務員有所保留。這種感覺是一種警訊，表示你必須再進一步研究。你必須多多發問，並給自己幾天時間考慮。如果你在不是非常清楚的狀況下就買下某件商品，你就會鑄下錯誤。

置身酒吧及餐館就與同伴熱絡交談，總之不宜呆坐著無所是事。你若不讓自己有事忙，就會讓麻煩有機可乘，吸引麻煩上身。

另一個在公共場所常見的現象是，你與正在呼呼大睡的人坐得太近，過一陣子你的眼皮也會覺得沉重。下次你搭公車或飛機而忽然覺得昏昏欲睡時，不妨環視四周，極可能身旁有人睡得正香甜。

我在大學時代，經常在上某堂課時覺得昏昏欲睡，而且「志同道合」者還不少。坐在我身旁的幾個友人及同學也都會打瞌睡。有一天我試著注意是誰先開始夢周公的，結果發現每一次都是坐我旁邊那位仁兄，因此我在他一打瞌睡的時候就換位子，結果我很驚訝，我竟然可以保持清醒！此後，只要我開始覺得昏昏欲睡，我只要拍打他臉頰就可以，因爲我確定他就是「瞌睡蟲的帶原者」。大部分時候我打他可都是理直氣壯的，因爲這樣可以避免他打盹後發出不良的振動，害得大家都跟著進入夢鄉。

用能量傳輸來入眠

能量傳輸現象也可以用來導人入眠。一對夫妻就寢時，往往其中一人還沒有進入放鬆的狀態，他會在腦中快速且清晰地思考某件事，無法成眠。他所發出的振動可以讓另一半很快就入眠。出現這種情況時，仍然清醒的那一方或許會深感困擾，一肚子悶氣。

這個問題是可以解決的。

只要那個已經昏昏欲睡的配偶能設法清醒過來，便能幫助另一半入睡。他應該先問配偶在想什麼，這可以幫助兩人調成「同頻」。滿心苦惱的這一位在說話時，另一半應該心想著別的事但不要說出口，可是表現出洗耳恭聽的樣子，然後可以在心裡快速地數數目，或想著自己熱愛的事物，但絕口不提自己在想什麼。假如這個過程持續得夠久，原本無法入眠的配偶也會開始覺得昏昏欲睡……不過，說不定這下換成另一半失眠了！

提高讀書效率

能量傳輸原理也可以用來幫助學生提高讀書效率。有些人相信，與一個比他們聰明的人一起讀書，自己也會變聰明。事實上未

搖籃曲中的傳輸

哼唱搖籃曲哄小寶寶入睡，就是運用能量傳輸的原理。唱什麼歌或歌喉好壞不是重點，要緊的是哼唱的人的思緒是否清楚。若在哼唱時腦中一片空白也不帶感情，小寶寶會很慢才會入睡；若在哼唱時充滿愛意，想著小寶寶是多麼可愛，那麼小寶寶很快就會睡著。這就是爲什麼由母親哄孩子入睡會比較快，因爲母親會自動散發出一種強大的能量，什麼都不用說，只要哼唱即可。小寶寶無從依循，因此就會入睡。

必見得。通常，比較會讀書的學生在某個科目的表現會強過其他學生，這會產生一種很難調成同頻的振動。結果是，比較會讀書的人會造成其他學生的思路紊亂，也會覺得昏昏欲睡。假如想在讀書時得到最佳的效果，就應挑選與你程度相當或者稍低於你的人。

這種影響力在參加考試時很重要，對容易接收能量的人來說尤其重要。如果你坐在聰明人旁邊，你或許會很難聚精會神，也因此考不到高分——除非你作弊。如果你發現了這類的能量傳輸，就走到四下無人之處，或找一個笨蛋坐他隔壁。你會發現你的思路清晰無比，試題顯得簡單很多。經常處於接收模式的人，通常考試成績都很差。對此現象有所認知，可以使他們的生活大為改觀，使他們由表現平平的學生成為高材生。

認識傳輸，掌握生活

能量傳輸幾乎影響了生活的所有層面。人們為何喜歡聚餐？因為消化的振動會在人與人之間傳輸，讓每一個人的消化動作都變得容易。因此，與人聚餐是件有益健康的事；而與伴侶歡愛會比自己動手來更令人陶醉。與伴侶共享魚水之歡時，愉悅的振動在兩人之間傳輸，使得歡愛體驗更為強烈，在達到高潮時尤然。

許多念頭與感覺都是在不知不覺間進行傳輸的，如果我們未能發展出直覺力，設法自保，就會很容易被別人操控，我們也會變得容易生病。這聽起來也許像科幻小說的情節，而依循傳輸的自然法則倒也不是每天都會發生。

阻絕了旁人的能量之後，我們會開始體認到，自己每天實在沒有做幾件自己眞心想做的事，每天的思維裡只有極少數是眞正屬於自己的思惟，每天的種種感覺裡面屬於自己的感受也是少之又少。

只要你能讓自己不受到別人的影響，你就會開始找到信心與勇氣爲自己挺身而出，也會採取行動創造你眞心想要的生活。你也領悟了爲什麼僧侶與聖賢會遠離人群，獨居於洞穴中。

遠距離的傳輸現象

許多人有過經驗，相隔一段距離也能傳輸思緒，譬如本章開頭所描述的S小姐的故事，她夢到她的病患去世，而患者遠在他處。這種現象難以用生物光子理論來完整解釋，因爲這套理論需要有光子的直接接觸。我們必須藉助其他的科學發現，才能解釋能量與資訊如何隔著天涯海角進行傳輸。

俄國人的某些研究顯然說明了這種傳輸現象。他們檢測一隻剛剛生產完的兔子，測量牠的心跳變化，然後把牠的兎寶寶放入一部太空船，讓牠們繞著地球軌道運行。結果，幾隻兎寶寶逐一夭折。在兎寶寶夭折的那一瞬間，遠在地球上的母兎開始心跳加速。即使遠在數千哩之遙，母兎也能感應到每一隻兎寶寶的夭亡。

幾年前，美國有個名爲《不可思議》（That's Incredible）的熱門電視節目，曾以比較不那麼殘酷的方式呈現這種心電感應現象。這場測試把一個承裝了年輕女性血液樣本的試管送交一位科學家，由這位科學家架設起測量儀器來記錄那位女性的血液細胞裡的電流活動。

然後那位女性進入另一個房間，應工作人員的要求，想像著她正在親吻她的男朋友。這時，在實驗室裡，她的血液細胞開始呈現躍動，表現出彷彿它們知道她在做什麼，彷佛它們仍在她體內。那個節目進一步測試，把那位年輕女性帶到城裡的鬧區，要她沿著一條黑暗的街道行走。攝影人員由遠處拍攝她。突然間，有個乞丐從漆黑的角落竄出來，向她要錢——在這一瞬間，實驗室裡，她的血液細胞所起的反應比她幻想與男友親熱的時候還要強烈。

關於心電感應這回事

所謂的「心電感應」有無科學根據？昔日的神祕主義者只是認定有這回事，而今日的科學家則因有了新的發現也開始相信了。最近的研究發現，原子的粒子可以與位在任何距離的其他粒子進行溝通。

電子帶著負電。科學家把一個電子分裂爲二，然後把這兩半分置於不同的隔間內。隨後，使用強大的磁力讓其中半個電子的極性產生變化。由於這兩個已分裂的電子分隔兩處，其中半個的極性改變，不應該影響到另外半個才對——然而，實際發生的情況令人匪夷所思：前半個的極性一改變，後半個的極性在完全相同的那一瞬間也跟著改變。這與前述的兎子實驗和《不可思議》電視節目所報導的現象基本上是殊途而同歸。

最近還有一個用光子所做的類似實驗。光子分裂後，其中半枚加上了音樂頻率（電話纜線常採用光電纜傳輸訊息而不是用電力）——就在加上音樂的瞬間，神奇的是，分隔在另一處的另外半枚光子也發出同樣的振動。更令人難以置信的是，根據當今的物理法則，這現象不可能在完全相同的時間發生，因爲這表示資訊的移動比光速更快！根據愛因斯坦的相對論，當某物體移動的速度比光速快時，那表示它是在時間裡往回走！這項實驗被譽爲第一樁有案可查的人類時光旅行——嗯，至少是人類音樂的時光之旅。

「對我們物理學家來說，過去、現在、未來之間的區別只是一種幻覺。」

——愛因斯坦

這些科學發現引來許多質疑。一般認爲，粒子與粒子之間必須有管道才能互相溝通，也許是透過另一種尙未發現的次元，或者是時間與空間場。換句話說，固態物體在我們這個世界裡看起來是分隔兩處的，但它們可以經由某種無形的途徑連結在一起。這種運作過程很難理解，也很難想像，但證據顯示或許確有其事。

影星丹尼斯・奎德（Dennis Quaid）主演的電影《黑洞頻率》（Frequency），就是以此概念爲藍本。在這部電影裡，一對父子分處不同的時間，一個置身於未來，一個處於過去，但他們藉著一部收音機連結在一起。電影裡描述了改變過去的事件會如何改變未來。你如果想找個簡便的方法來理解本章所介紹的這種新的科學概念，不妨先去看那部電影，然後再重讀這一章。

「許多世界與許多宇宙系統同時存在。」

——安納西曼德（Anaximander，希臘天文學家，公元前五四六年）

科學界已經辨識出一種途徑，藉著它，人類可以跨越時間與空間進行溝通。不過，那是在原子的層次上，這意味著假如想解釋這種心電感應，就得假設這些思維也是在原子的層次上進行。這，可能嗎？也許有證據可以證實這一點。

醫學界仍無法理解人腦的錯綜複雜。一般認爲，思緒是個體的化學反應與電流反應的結果，然而沒有人知道這種反應究竟是在原子的層次開始，還是分子的層次。其實，答案很簡單。與所有的化學反應一樣，是從單一原子的活動，也就是電子與其他粒子的移動開始的。

耐人尋味的是，針對人類記憶力所做的研究發現，各個腦細胞事實上具備獨特的功能。其中最著名的腦細胞叫做「祖母細胞」(grandmother cell)。醫學界如此命名，是因爲人們似乎只有在憶起自己祖母長什麼樣子的時候時，才會動用到這種細胞。如果你現在想起了你祖母的容貌，這時你腦中的祖母細胞就在工作了。

各個腦細胞是由分子組成的，而分子又是由原子組成，因此思惟確實是在原子的層次上開始的。很可能，與我們同頻的人或事，會影響到我們的思惟。這就可以解釋傳輸現象，也可以說明許多通靈現象。

人類思惟的運作模式，與原子的最小元素的運作模式實在像得不得了。在原子世界裡，粒子可以跨越時空的障礙相互連結；有時候人類的經驗也會有這種跨越時空的心電感應。這種雷同，讓人不得不說我們的思考是在原子的層次上，而我們的意識是在原子的層次上。如果這些說明還不夠，還有很多科學新發現足以佐證這種信念。

幾世紀以來，哲學家爭辯著「人類是否眞的自由」的問題；我們也許覺得自由，也愛好自由，但我們是否眞的自由？你可能聽過一種說法：每一個動作都會有一個同等而且對立的反作用力。問題是，如果所有的動作都是由反作用力造成的，則假如確實有眞正的自由，這種作用與反作用的論點便是錯的。若有眞正的自由，必須有可能事情是無緣無故發生的！

直到最近，都沒有證據顯示事情可以無緣無故發生。於是哲學家倡言，生活、思惟和一切作息全都是冥冥中早有定數。如果沒有事情可以無緣無故發生，則無論我們做什麼、想什麼、經歷了什麼，就都與其他事有因果關係，總會有一種無形的控制因素……

我們難道只是機器人，幻想著自己是自由的？這種宿命的論調很難加以駁斥，直到新近的核子物理實驗發現，次原子的各部位的活動很不尋常。科學家使用原子核分裂加速器把原子撞裂，然後研究各個分裂部的活動。結果讓專家們大爲驚訝，尤其是跌破了哲學家的眼鏡。科學家發現，某些粒子並不遵循任何的物理法則。打撞球時，各顆球都是依據撞擊的力道與方向而移動；然而，以同樣原理撞擊原子，它們卻完全無視於撞擊的力道，它們不把你看在眼裡，就這麼我行我素，違反了我們所熟知的因果律。

有了這項科學發現後，哲學家終於有證據顯示，我們的心靈或許可以體驗到眞正的自由。如果眞正的自由可以在原子世界發生，它爲什麼不能在我們腦中發生！眞正的自由，在物理世界中是可能的。

當然，原子那種看似自由的活動是很微小的活動；然而，微小的改變也足以造成重大事件。譬如最近發現的原子開關，只用一個原子就可以開啓或關閉電力。這種原子開關不久就可引入顯微電子工程界，它這麼小卻這麼有力，可以向人類頭腦的能力挑戰。

因此，假如說原子內部的活動會大大影響我們腦中會浮現何種思惟，這種說法是有道理的。這項研究進一步證明了人類的思惟是在原子層次進行，或許有朝一日可以協助我們理解思惟到底是如何運作的。

若能證明人的思惟是依據各個原子或原子的組成粒子的活動而形成的，則所有的通靈現象就都能找到科學的佐證——在獲得科學界的證實之前，至少這可以讓我們思索，人類可以如何跨越時空進行溝通。況且，從成千上萬人的親身經驗來看，人與人之間確實有心電感應這回事。

心電感應的四種層次

想知道心電感應如何發生，得進一步了解頻率與調頻是怎麼回事。人體周圍有許多層次的振動，有來自思惟的能量、來自心臟的能量、來自呼吸與熱氣的能量，等等。各種振動都可以調整為與別人同頻，如此，兩個人可以有一種頻率同頻，或兩種頻率同頻，或者更多。想像兩個樂團並排坐著，他們可以把小喇叭調成同頻，但薩克斯風不同頻；他們可以把吉他調成同頻，但鋼琴不同頻；他們也可以把所有的樂器全都調成同頻。同理，人與人之間可以有很多種層次的同頻。為求簡化，姑且分成四種層次。

第一種：**物理層次的同頻**。人們互相模仿彼此的肢體語言和其他的身體特徵。模仿得越像，兩人同頻的程度就越高。這是本書到目前爲止所探討的主題。這個層次只是暫時性的，因爲我們不斷在變換姿勢，然而假如人們住在一起的時間夠久，模樣會越長越像，這意味著同頻的情況可以更深入。

第二種：**情緒層次的同頻**。人們相處時的態度和說話的語氣，都可表達出情緒。語氣尤其容易表達情緒；用字遣詞、說話的動機和甚至身體的姿勢，也都能傳達情緒。若兩人互相同意對方所發送的信息，他們在情緒上就會開始同頻。起初這種情緒同頻是暫時性的，像是新朋友之間的感覺。這種感覺可能會來得急也去得快。然而，等到兩個人長期維繫這種感覺之後，同頻的程度就會加深，也會維繫得更爲久遠——這便是愛！

第三種：**心智層次的同頻**。兩個人交談，彼此都覺得談得來，就是這個層次同頻。例如有兩個人發現他們在許多方面「英雄所見略同」，便暫時建立起了心智同頻。人與人相處得越久，他們的想法就越接近，最後就進一步達到更持久的心智同頻層次。

第四種：**精神層次的同頻**。這個層次的同頻，通常在另外三個層次都已同頻之後才會展開，換句話說，需要較長的時間才會發生。不過偶爾會自然湧現。例如你遇到一個人，你覺得似乎上輩子就認識他。然而，通常兩個人經過長期的相處、發展出類似的人生觀，對於人生目的也有類似的感覺時，就可達到這種精神同頻的層次。無需信仰同樣的神或宗教，只要人生哲學能相互契合，就能在精神上同頻。

「所謂友誼，就是一個靈魂居住在兩具身體中。」

——亞里斯多德

在精神上契合的人，相處的時間越久，他們的精神同頻程度就會越深，也更加持久。一旦確立了深刻的精神層次的同頻，便會發生怪異的事。兩個人會心有靈犀一點通。他們會具有一股無遠弗屆的無形連線，可以傳達訊息。無論兩人相隔天涯或海角，都可以接收到對方的思想、情緒，甚至彼此的疼痛。例如，當其中一人面臨嚴重的麻煩或危險，或許病危或悶悶不樂，另一人就會經由心電感應察覺到情況不對。

有了與你在精神上同頻的人，你就永遠不會覺得孤單。與你同頻的人，會不斷影響你的思緒、感覺、心情及身體健康。即使你不知道他們出了什麼狀況，你也會覺得不對勁：你也許在醒後覺得疲憊或沮喪，也許舊病復發，也許在消化方面出了問題，或者會做離奇的夢。若你與某人心有靈犀一點通，你會對他們有所感應。這現象也有好的一面，譬如假如他們心情好，你也會覺得快活。不過我們必須認識到這種現象的負面影響。

前三種振動層次的同頻，也就是在身體、情緒和心智上的同頻，對生活的影響不像精神同頻那麼深遠，因爲我們在那三種層次的時候是不斷在改變的，我們不斷在活動、感受不同的情緒、思考不同的事物。而精神同頻雖然也可分成不同的層次，但心電感應很少會改變。我們的人生觀會經常改變嗎？若非經過努力、成長與反省，人生觀很難改變。因爲這樣，人與人之間一旦建立了默契，心電感應就可能會持續到天長地久，不受時空限制。我們可以在身體上、情緒上、心智上從同頻轉變成不同頻，但精神同頻幾乎無法撼動。

你是否遇過這種事，有時候你剛想到一個老朋友，不久這個老朋友就打電話給你？或者，你夢見了某人，隔天他們就與你聯絡了？這類事件就是出於心電感應。

假如你所認識的某個人惦記著你，你就可能會接收到這個信息，也許是突然閃過一個念頭，或是在夢中浮現。有時候，你想到某人，他們便在不知不覺間接收到這信息，然後也想要撥電話給你。於是你正要打電話

你還想念我嗎？

同頻的概念可以用來解釋戀愛關係。有人與情人分手後仍對舊愛朝思暮想，有時還會在夢中與舊愛纏綿，被對方強暴，甚至被對方殺害。這種經驗令人感到惶恐或厭惡，開始懷疑自己是不是還愛著對方，兩人可不可能再續前緣——雖然兩人明明已經鬧翻了。以心電感應的概念來說，假如兩人中的一個仍然難捨舊情，分手許久還思念著對方，其實舊愛感覺得到。這也是爲什麼戀人明明分手了，卻似乎無法剪斷關係。

給他們時，他們就打電話來了。

與某人建立了心電感應之後的問題是，你希不希望讓這個溝通管道保持暢通？假如那個人與你仍然是朋友，這就不成問題；萬一不再是朋友，你們已經鬧翻，或是老情人想和你破鏡重圓，那該如何是好？這時就要知道如何切斷精神上的連結。

切斷精神連結

假如你聽任心電感應持續著，你昔日的友人就可以繼續影響你，並發送出不良的感覺和思緒給你。若想杜絕這種現象，你得辛苦一點，採取一些措施。

首先，你必須弄清楚，當初爲何能發展出這種心電感應，然後區隔出你們間的差異。你們兩人以前爲何會親近？你們之間曾經有哪些共通點？

其次，你得認清你們之間的差異何在。你們當初是爲了什麼分手？是基於何種精神上的原因，而不是現實的原因？你們交往之後，你改變了嗎？精神上的改變通常是出於個人的成長，而這是大部分的分手原因。

一旦你知道了你們之間的差異所在，你就得檢視你是否眞如你自己所說的，改變了。你們交往後，你眞的改變了你的人生哲學、生活模式嗎？你眞的成長了嗎？許多人說他們在分手後跟以前不一樣了，但事實上根本沒有改變——更精確的說法應該是，你或許在心智上成長了，但還沒有把你所學到的道理應用在生活中。說是一回事，實際去做是另一回事。

你若想斷絕與那人之間的心電感應，就得確定你已經不是以前那個人了，你已經長大成熟了，而且最重要的是，你現在正在奉行你所倡言與篤信的理念。若不採取這個步驟，就無法斬斷心電感應，有時會持續經年，或是直到其中一方的生活發生重大變化。

巫毒的基本概念

心電感應可以解釋很多通靈現象，以及爲什麼兩方相隔千里，訊息還是能經由夢境傳輸。耐人尋味的是，這種心電感應也可以解釋「巫術」與「巫毒」如何運作。這些魔法的基本理念是，如果你能與某人建立起心

一次性愛，七年感應

美洲印第安人有一種觀念很有意思，他們認爲，男女之間有了性愛關係，即使只是那麼一次，也會建立起一種長達七年的心電感應。在這七年裡，兩人的能量會影響彼此的生活，即使兩人不在一起。

依照心電感應運作原理來說，不需要七年也能斬斷精神連結，只要徹底改變你的能量即可——你要改變你的人生觀，並依此調整生活方式。總之，你必須在各方面都有所長進。

電感應，就可以藉此傳輸訊息、感覺或其他能量給對方。你可以在他們渾然不察的情況下影響他們。

就理論來說，假如心電感應夠強，魔法就可能發揮若干功效；不過這得看這魔法是施展在什麼人身上。若是一個經常處於接收模式的人，則魔咒或許會生效。然而，若是一個慣於自由思考、獨立自主、把多數時間花在運用創意的人，則他們大抵是處於發送模式，這種魔法對他們就起不了作用。

三種自然傳輸法則

傳輸似乎是遵循三種自然法則而運作，這三法則互相制衡。

第一個因素是**距離**。在正常情況下，沒有心電感應的人之間若要有能量的互動，必須相距一到兩公尺之內才行。這第一個因素會隨著第二因素（**調頻**）與第三因素（**強度**）而改變。人與人之間，頻率越相近（處於四種同頻層次的任何一種，最高的是精神層次），距離的影響就越弱。換句話說，如果你與某人在情緒上或心智上同頻，就算你與他距離一、兩公尺也能夠進行傳輸。如果你們之間有精神上的同頻，則傳輸可以無遠弗屆。

此外，傳輸的能量如果很強，距離因素的作用也會相對減弱。例如，有人在街道另一頭被欺侮，你即使與他們並不同頻，也可以感應到他們傳來的某種信息。這可以解釋爲什麼有些人可以感應到警方暗藏的雷達測速器。前方的人發出的能量夠強大，即使距離很遠也能傳輸。這現象有一種實例會讓人心裡發毛，那就是與你同一公寓的鄰居終日鬱鬱寡歡，或者整天大吵大鬧，那麼你就算沒有踏進他們家也會受到影響。

聽音樂會時，你會接收到旁邊聽衆的感受，因爲強度極高，而且人數衆多。與觀看錄影帶相比，在電影院看電影也有同樣現象。你在電影院裡會與幾百人調成同頻。他們覺得興奮、恐懼、有趣的時候，你也會產生比獨自觀看錄影帶時更強烈的感受。

我們非常需要了解振動與振動之間是如何互動的，以及振動如何與我們的日常生活互動，因爲，讓我們做出人生抉擇並改變我們人生方向的，就是我們的思惟與感覺。如果我們接收到了不屬於自己的思惟或感覺，我們就會受到負面的影響；我們會營造出並非自己眞心想要的生活。認識了能量傳輸，並培養了對周遭事物的敏感度，將可以帶來健康與幸福美滿。

第4章　環境裡的直覺

「不憂慮、每天吃豐盛的三餐、禱告、對債主有禮貌、消化良好、運動、放輕鬆慢慢走。你的特殊狀況或許還需要其他因素才能令你快樂，不過，我的朋友，我認為以上幾點可以讓你過好日子。」——林肯

希臘的薩拉米斯島（Salamis）上有一棟屋齡三百年的老房子。我們家族間流傳著一則這棟老屋的軼事。據說在土耳其佔領希臘期間，一個土耳其士兵騎著馬進入那棟屋子的前院，向住戶強索錢財。不知道是屋裡的人欠士兵錢，或是士兵打算搶劫，總之發生了打鬥。沒有人知道後來出了什麼事，只知道那棟屋子開始鬧鬼了。

我小時候聽過那棟屋子鬧鬼的故事，聽說那個鬼的魔力無邊。我父親在那棟房子長大，他說他看過書本和其他東西從櫃子裡飛出來；他也經常聽到吵鬧聲與敲打聲。有一次他正在與家人吃晚飯，那個鬼魂就騎著一匹鬼馬在前院現身，在場所有人都看見了！

我有個親戚曾親眼見到那個鬼魂，他告訴我一則傳聞，說那個鬼是想找出埋藏在房子前院某處的財寶。我那位親戚一心想挖出那筆錢，但至今遲遲沒有動手，一來那是違法的事（希臘法律對於挖掘考古遺物訂定了極為嚴苛的法律規範），二來也是因為怕鬼。

那時的我不相信世上有鬼這回事。於是我對我親戚說，如果鬼魂是一種生物，他就應當能思考，也能回答問題；若它無法回答，還怕什麼。我建議他不妨與那鬼溝通，並要求那鬼同意讓他尋寶，然後靜觀其變。

幾個月後，他鼓足勇氣，在那棟荒廢的房子裡過夜，想和鬼魂接上線。終於，有天晚上他被吵雜聲驚醒。鬼魂就顯現在他的房間內，那是個穿土耳其軍裝的男人，留著一把昔日很流行的又翹又長的鬍髭。那個鬼魂不斷說著：「我要宰了你，我要宰了你！」一開始我那親戚嚇得魂飛魄散，以為這下子沒命了。這時他想起了我說的話，設法定下心來。他開始問那個鬼魂問題，問他想要宰掉誰，問他為什麼殺人。那個鬼魂沒有回答，只是一遍一遍說著：「我要把你宰了。」我親戚這才體認到我說的沒錯。那個鬼魂並不是真正的存活物，它無法做邏輯思考，也無法回答問題。它就像錄影帶不斷重複播放著同一幕。我親戚開始禱告，請上帝保佑，把這個鬼魂的能量逐出這棟房子。不久，那個鬼魂消失了，從此不曾再現身。可惜我那親戚也沒有挖到什麼寶……至少他沒有對別人說他挖到了寶。

環境裡的振動

上一章討論了訊息如何透過一種稱爲生物光子的物質進行傳輸，並以此解釋人與人之間傳輸訊息的諸多現象。可是，有許多現象無法用這理論來解釋。前面也討論過人與人如何調成同頻，以及人們在情緒上或心智上越是親密，這種連繫程度就越強。然而，這些推斷都來自於個人經驗和各種科學發現與理論。倒是有一個方法可以幫助我們了解鬼魂現象。

拿一枝彎曲的卜杖（通常可以用一根鐵絲，把它彎折而成），把卜杖輕握在手中。排除腦中一切雜念之後，拿著這根卜杖去接近各種物體，譬如走近一棵植物，或貼近牆上的一個插座。你一接近那物體，手中的卜杖就會朝向某一個點晃動——你彷彿感覺到了你已轉換了某種無形的氣場或能量場。

許多人相信這種能量場的存在，但對於能量場是由什麼形成的，衆說紛紜。有趣的是，假如你運用這種方法測試各式各樣的物體，你會發現，這種能量場在天地間有生命和無生命的萬物幾乎都可以找到。想法也有能量場，而且它的強度與有生命的物體所散放出的能量場不相上下！

我有一次應邀前往加拿大一所大學的哲學社團演講，主題是萬物的周圍都有能量環繞，以及這一點如何說明了我們所生存的宇宙的眞正本質，也就是說，萬物都互相連結。我在演講中談到，思想的能量可以存在於身體之外，並在不知不覺間影響我們的生活。我使用卜杖來示範如何感覺這種能量場，好讓肉眼可以看見能量場。那個社團裡許多人對我的展示不以爲然，想要考倒我。社團裡有一張大會議桌，他們說，如果想法的能量眞能存在於身體之外，那麼他們要做個實驗。他們要求我離開房間，他們會把想法擺在桌上的某處，然後我再運用卜問法把那個想法找出來。

這要求出乎我的意料之外，不過既然是探討哲學的社團，我知道團員們想必事事存疑，畢竟哲學的基本理念就是提出問題！於是我離開了房間，幾分鐘後再走進房間。所有人都退開，讓我舉起卜杖掃過那張桌子。我確實感應到多處具有能量，而其中一處特別強，於是我告訴他們，我找到了——他們非常震驚！因爲我找出了正確地點。

幾千年來，神祕主義者與通靈人士都宣稱我們住在一個能量互動的奇特世界中，而萬物都有氣場或能量，連思惟也有。最近在英國、德國、美國、加拿大都有人私下做過研究，利用卜杖求問法研究人體與物體之間的能量互動；結果，這些研究不約而同都顯示能量場確實存在，而且彼此間一直在互動。這種無形的能量場在人體裡隨著不同的因素而收縮或擴張。

採行正面思考的人，他的能量會擴張；健康良好的人，能量也會擴張。因此當我們覺得快樂而且採用正面思考時，我們的免疫系統也會加強。儘管身體的無形能量場還沒有得到深入的研究，一個人的熱度倒是可以用「體熱儀」（thermography）加以測量，而且很明顯的，覺得心曠神怡時，我們的循環系統運作也較佳，因此熱在體內流動得較爲順暢；假如鬱鬱寡歡，情況就會相反。對此許多人都有體會，他們在面對壓力時會手腳發冷。除了熱度之外，身體的電流、磁場和甚至聲音的能量，都會隨著我們的心理及身體狀態而改變。有朝一日這些現象都會可以精確測量出來，也會研發出儀器來從身體能量的變化來研判我們感覺到什麼，或甚至在想著什麼。

新興的「神經精神免疫學」（pyschoneuroimmunology），提出了很多證據說明身體的能量強弱與健康之間的關係。這一門科學顯示了人在開心的時候，譬如開懷大笑時，腦部會釋出特殊的化學物質，可以止痛並增強免疫力。反之，懷著負面思想、怏怏不樂時，身體的能量場會像生病或不健康時那般的收縮，因爲人在沮喪時，腦部會釋出令身體發炎的化學物質，使得免疫力減弱。

用卜杖探測能量場

你可以自己探測能量場。最簡單而直接的方法是用卜杖來測量。

卜杖可以自己動手做。只要拿鐵絲製的晾衣架，把它拆開弄直，把它裁成兩半，把

這兩半各量出三分之一的位置，在這個點把鐵絲折成九十度，便可做成L型。這就是一支卜杖求問的工具。（參見下圖）

想用卜杖找出能量場時，要使用一個參考點。先探測一盞家用電燈的電磁場，方法如下：把一盞桌燈擺在餐桌上，或使用一盞與你肩膀同高的立燈。把燈點亮，站在離燈約兩公尺半的地方，把卜杖較短的那一端輕輕握在手中。

找出一個平衡點，讓卜杖可以筆直指向前方，不要往內或往外移動。通常在你讓卜杖與地面保持平行的時候可以達到平衡。這需要花時間練習才能做到，因爲卜杖很敏感，容易移動。把卜杖維持住平衡與穩定之後，就面向那盞燈，走上前。

走近那盞燈時，你要在心中重複默唸著：「這盞燈的能量強度延伸到哪裡？」全神貫注在這個問題上，注視著那盞燈，手放鬆。不要特意移動你的手，也不要阻止它們

1. 把一根鐵絲儘可能弄直

2. 再把它裁成同長的兩段

3. 分別把這兩段彎折出九十度角

移動。待你走到距燈約一公尺遠處，你會得到答案。通常，在這個位置，卜杖會向外擺動。（參見下圖）

你可能要嘗試幾次才會成功，但如果你能更敏感一些，就會留意到在距離大約一公尺處，情況確實稍有不同。如果你讓這種變化影響了你的手，卜杖就會往外擺動，一旦有了這種感覺，就可以探測你的住處及工作場所中所有的電場，譬如電話、電腦、手機等等。你有過這種感覺之後，就會像騎腳踏車一樣，即使因為不常騎而生疏，卻也不會忘記。這時你已經可以把卜杖運用在其他物體上了。

你可以探測寵物、植物和甚至朋友的能量。在探測生物的時候要記得一件事：你所感覺到的能量，與他們所思考的內容有關。

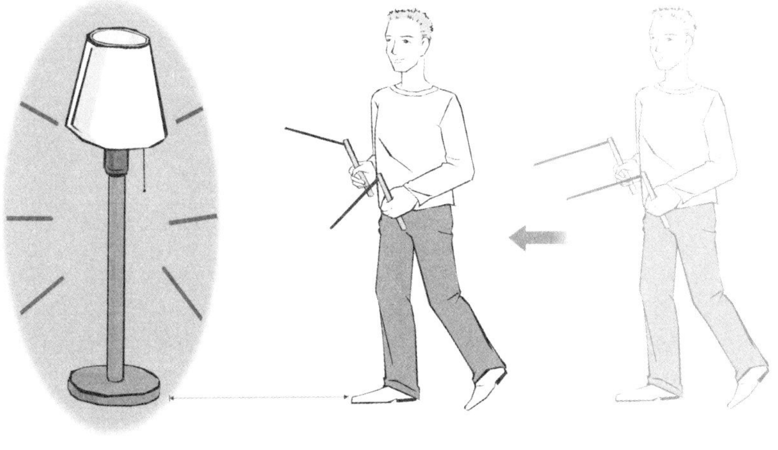

如果他們看著你，而且剛好不喜歡你，則他們的能量探測值會偏低。這現象很有意思，你可以以此法來讓他們了解到事情是如何影響著他們。你可以請他們閉上眼睛，心中想著不同的人，想像他們在家中，在工作場所，在海灘等不同地點，並逐一探測他們的能量。

你也可以用這種技巧來測試你對食物的敏感程度，或任何你想測試的東西。使用這套技巧測知食物敏感度，可以讓你清楚看出哪些食物會削弱你的能量，減弱你的免疫系統。

人的健康狀況不佳，或對一個問題懷抱著負面的反應時，也就是免疫力減弱時，能量場可以散發至距離身體大約三十到一百公分處。若健康情況良好，或對一個問題有正面反應，能量場就會增強，大約可達三公尺半到五公尺。若是某人身強體健，或者對某個問題的反應格外強烈，甚至可達六公尺甚至十五公尺以上（我在要求受測者心中想著親吻他們的夢中情人時，就測得這個數值！）

在測試人的時候，先讓他們站在距你十公尺之外。請對方放輕鬆，屏除雜念。然後你握著卜杖，走向受測者。你在腦中不斷想著這個問題：「此人的能量場界限在哪裡？」到達了那個位置時，卜杖會向外開。這可以找出能量場的一般位置。如圖。

找出這個位置後，在地面做個標示。然後要求受測者心中想著會為他們帶來壓力的

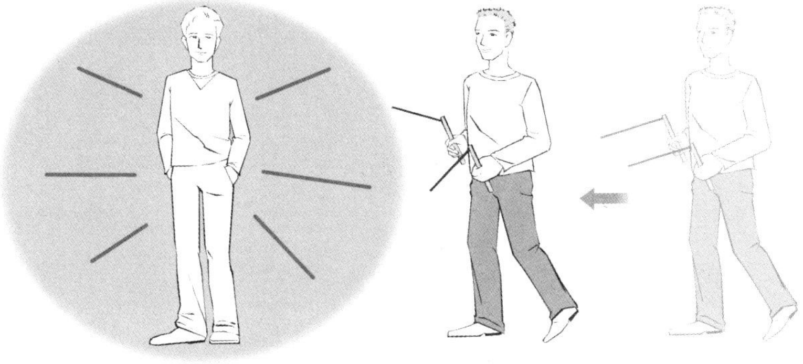

用卜杖求問法測量一個正常人的能量場。
接觸到那人的能量場邊界時，卜杖會張開。
在地面做個記號，標出邊界。

再用卜杖求問法測量那個人不快樂的時候的能量。
這時他的能量場會變小。

事，例如正在工作。退後幾步，離開他們，再度檢視他們的能量場。若受測者不喜歡他們的工作，或者若工作上會遇到問題，他們的能量場會比正常情形弱，如圖所示。

假如他們樂在工作，則他們的能量場不會起變化，或者會變大（如果他們眞心且非常喜歡他們的工作），如下圖。

人與人之間的能量互動，可以藉著卜杖求問法清楚看出來。若某人身體強壯，而與某個因生病、沮喪或其他負面因素而身體虛弱的人調整成同頻，則在傳輸之後兩人的能量或許都會變虛弱——他們應該要根據前一章的說明來防止這種結果。

精神測定學

學會了卜杖求問法之後，就可以探測各

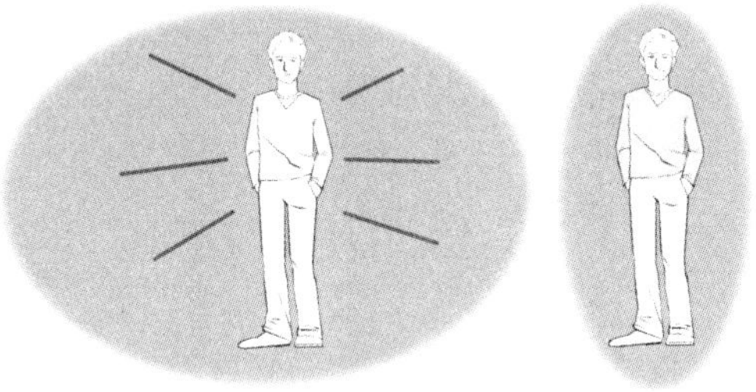

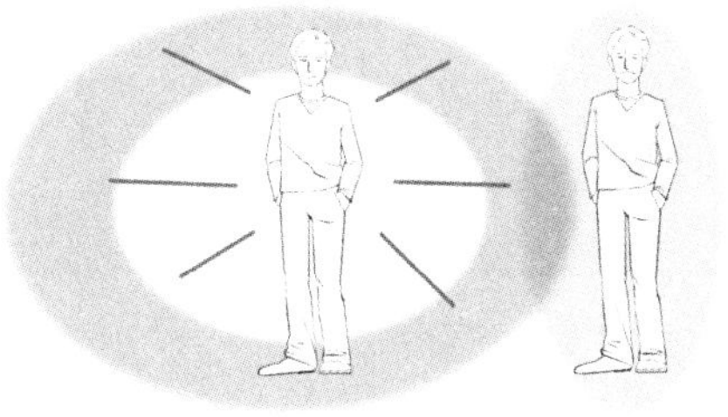

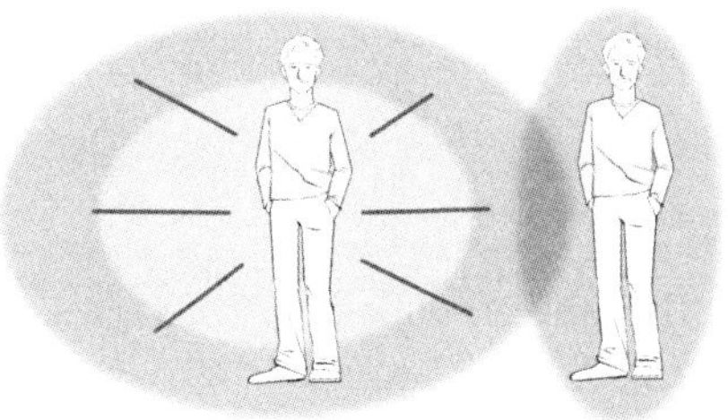

1. 左邊的甲，心情一般。然後他與右邊這個不快樂的乙相處。

2. 甲受到乙的能量影響，但他沒有發現，沒有把負面能量隔絕在外。

3. 於是甲的心情也開始低落。

4. 最後是兩個不快樂的人。

種物件的能量，例如照片、書架、長椅、床等任何處所。你會發現它們各自具有不同強度的無形能量。如果你讓自己更加敏感，你甚至可以感覺到那些分別是什麼能量。

有一種通靈的技巧叫做「精神測定學」，就是運用你的直覺去感應你的手所觸碰到的物體。你可以試著先放輕鬆，然後留意你的手的感覺。大部分人覺得，使用左手的效果比較好。然後，拿起一件珠寶、一本書，或觸碰某種你想探測的物體的表面，例如枕頭。留意你所感覺到的第一個現象。你的手指也許會刺痛，你可能會感覺到晃動，或者感覺到溫度改變，或是你手上的汗毛會豎立，或者出現其他反應，視你所測試的物體的能量而定。如果能量不強，你不會有太明顯的感覺，因此這種技巧用於正在承受情緒煎熬的人所用的物品時最具卓效。此外，你也不太容易讀取到你自己的物品的能量。

你在使用手來感受變化時，試著讓心靈放鬆。你或許也會感應到某些影像、聲音、話語或其他感覺。無論那些感覺多麼瘋狂或怪異，它都來自那件物體，你正在承受它們的影響。基於這個原因，通靈者經常運用精神測定法協助警方辦案。他們只要觸碰刑案現場的物品，往往就能提供珍貴的線索。

人類的振動不僅能傳輸給人類，也能傳輸並儲存在無生命的物體中。這也可以用卜杖求問法與精神測定法得知。思想與感覺的能量可以存在於身體之外，不具有形體卻能擁有它們自己的能力。你若能體會這一點，就更能體認到，大部分的鬼魂（還有其他形態的鬼魂，這一點稍後再闡述）只不過是經歷了強烈的正面情感或負面情感的人類或甚至動物所留下的振動。

這些振動圍繞在我們四周，而強度各有不同。有的振動很強，譬如前面提到的希臘老屋裡的鬼魂能量就強到可以顯現形體。有的振動則很弱，例如喜愛烹飪的這種能量。我們的四周到處都有鬼魂——其實，稱他們爲「能量印記」（energy prints）比較貼切。

假如靠近了這些能量印記，就會受到它們的影響，尤其假如你非常敏感而且心情放鬆，處於接收的模式，就更容易受到影響。在你本來就會覺得放鬆的地點，譬如你的住處，而臥室又特別容易受影響。留在你居住環境裡的能量，會大大影響到你可不可以在家中充分放鬆身心，特別會影響你在夜裡入睡的狀況。

若你自己或曾睡在你床鋪的人，由於不愉快的經驗或悲觀的想法而留下了負面能量，你再躺上床去，就會覺得很難入睡。這一點在你必須睡在朋友家或住旅館的時候格外重要。假如那個先前投宿的人整晚憂心忡忡或心情惡劣，你睡在那個地方就會吸收那種負面能量，也會開始覺得壓力沈重，無法入眠，甚至直接影響你的身體，造成你舊病復發。

這種無形的能量作用隨時在影響著我們。坐上計程車、公車、電影院的座椅，或者朋友家的沙發，以及任何我們接觸到的物體，都有這種影響存在。我們坐在餐廳裡，會受到椅子、桌子甚至杯子與餐具的能量的影響，假如在我們之前坐這座位的人正承受著壓力，譬如剛與情人分手，那麼我們就可能會接收到那股負面能量。這股力量會開始作用，使得我們無法控制脾氣或情緒、突然覺得疲憊，或者產生頭痛、反胃等等奇怪變化。

由於我們不知道是哪一種能量在影響我們，因此務必培養敏銳的直覺，在出現不對勁狀況之前就要察覺到這種能量。否則，若無法辨識外界的能量，我們只好聽任它們作用，把它們轉成自己的能量，並因此承受其苦果。

附帶提一點。很有趣的是，這種能量印記最能發揮作用力的地方，是在以有機物為主的材料上，譬如木材、紙張、棉、皮革和骨頭；然而，有些無機物的材料也有能量，譬如以合成及塑膠為主的材料、金屬物質和各種水晶與珠寶。至於混凝土及石頭之類的無機材料，比較難儲存振動，也無法儲存太久，這或許與分子結構的密度有關。

食物中的能量

在所有能儲存振動能量的地方裡，最重要的首推食物。東印度文化與日本文化素有明訓，認為食物能夠接收廚師的振動。不開心的廚師所做的料理會令人覺得煩躁，甚至會生病。因此，有些文化認為應當以手指抓食，好讓食用者本人的振動進入食物中，以此保護自己免於受到不良振動侵襲。

這個原因，想必可以說明爲什麼同樣的食譜由不同的人掌廚，做出來的菜餚味道會不同。我離家上大學之前，請我母親教我烹煮我最喜歡的料理，但是我自己下廚時，總覺得少了那麼一絲媽媽的味道。我放假回家，便在母親面前下廚。她說，我的做法完全沒錯，爲什麼味道就是不一樣？差別就在於，她用手觸碰了那些料理。

食物裡的振動可以造成身體的變化，它們可以讓我們變得健康或者生病。食物可以傳給我們或負面或正面的各種感覺，例如悲傷、生氣、挫折或是放鬆與喜悅。這些感覺對身體造成影響的程度，要看振動的強度而定，也要看我們在腸胃中能把它們改變到什麼程度。因此，在準備料理及進食時，一定要控制你的思想。你應該預做安排，好讓自己輕輕鬆鬆享受料理。下廚的時候，可以聆聽好聽的音樂，或者唱歌，或與朋友談論正面的話題，不要覺得時間急迫，更不要帶著「我討厭下廚」的念頭。

有些自然療法的治療師相信，食物裡的能量頻率是造成過敏或敏感的原因。你在進食某種食物時，身體會受到這種食物的能量的影響。如果你的身體能量太弱，食物的能量就會對你身體造成強大的衝擊。但假如你的振動很強，就不容易受到食物振動的影響。

如果你身體虛弱，而且又攝取了具有負面振動的食物，你的身體會立刻採取行動自保，也就是出現發炎反應。症狀包括流鼻水、喉嚨中有痰、胃痛或痙攣、腹瀉、呼吸困難、心律不整，以及你原有病症的惡化。這些症狀類似過敏反應，差別在於假如你認爲這些症狀是食物過敏造成而去做檢查，結果會呈陰性反性，然而症狀確實存在。假如能強化患者的能量，這種類似食物過敏的反應便會不藥而癒。

純光療法

白光是由許多種頻率的光組合而成的。軟雷射光（soft laser）、冷雷射光（cold laser）和LED，都是單一頻率的光，稱爲單色光。這種光已經過科學證實爲可以有效紓緩發炎並加速痊癒。這種光直接照射在病灶，通常可以在三分鐘內就使發炎處止痛。光療是毫無痛感的療法，療速極快，又無副作用。光療爲什麼能有療效？原因很多。

古代的波斯人與希臘人就懂得把光應用於治療，但是現代對於純光療法的深入鑽研直到一九六〇年代早期的匈牙利醫師梅斯特（Mester）才開始。梅斯特醫師發現，光是許多種酵素的催化劑，而這些酵素可以紓緩發炎並加速痊癒。他發現，對活細胞施以純光刺激（採用單頻光），可以加速許多細胞活動，包括增加蛋白質（collagen，膠原蛋白）的製造。基於這個原理，光也可用於修復受損的肌膚，改善膚質，使受傷的骨骼及拉傷的韌帶迅速復原。事實上，光線照射的地方，都可加速療程。

最近CNN報導了美國航太總署（NASA）的太空人如何在太空飛行中使用純光療法。報導中指出，這是美國醫學界的一大突破，因爲純光療法一直未能通過美國的食品與藥物管理局（FDA）審核，大都只用於北美的獸醫界，然而歐洲及其他地方的物理治療師、針灸師、指壓按摩師、牙醫師、醫師、美容師已經在使用這套技術。德國有位醫師，使用銀杏配合光療法治療了老年人的重聽，使純光療法名噪一時。

我父親、我表哥和我，也是全球第一批投入生產及研發純光療法的幾個人。除了把光療法用來加速療癒，我們也試著了解光療法如何對食物和衣服等等物體上的無形能量發揮效用，使這些能量改變，並消除敏感性。我們也研發出一種技巧，利用光療法來加速情緒的紓解，並研究如何用光來把水轉化成具有療效的能量飲料。我們的成功案例不勝枚舉，不過由於市場逐漸擴大，許多人模仿我們的技術，因此我們退出了大部分的發展，目前只專注研究光療法的治療效果。

光也可用來取代針灸的針。人體吸收了光所蘊含的能量後，可活絡經脈（能量的管道）。由此法，純光便可減輕發炎、紓解疼痛，使身體早日康復。另可將光療運用於針灸穴道，收到減肥、戒除煙癮和其他癮頭的效果。對純光療法的儀器有興趣的讀者，請向作者接洽。

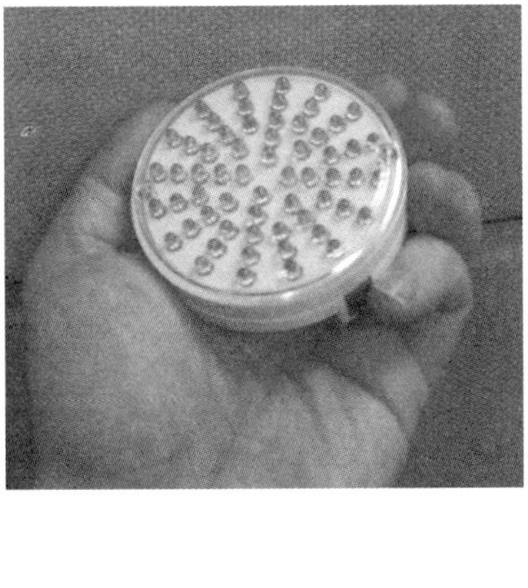

如何改變能量

我的家人幾年前曾經在加拿大經營一家自然療法中心，那時曾遇到一個大問題：我們發現，假如患者對他所攝取的食物敏感，則根本無法自我療癒。我們試了許多方法，譬如更換菜色，也使用卜杖把有問題的食物剔除。然而，最有效也最令人難以置信的方法是把食物的能量加以改變。方法之一是讓患者在觸碰食物的時候，心中想著某一個正面的思想，例如對著那種食物說，很喜歡它。這方法是有效的，但對於很燙的食物和湯品就派不上用場。我們另外想辦法淨化能量，例如敲鐘或焚香，或是其他教堂會採用來驅走負面能量的技巧，但都效果不彰。

有一天我們想到，傳統的能量淨化法所根據的原理就是把能量加在食物上——因此，如果採用我們研發出來的一種純頻光儀(這儀器可以迅速止痛)，把光照射在食物上，可不可以把正面能量傳輸給食物？經過多次實驗後我們發現，以順時鐘方向快速把食物照一遍，同時在心中想著某種正面想法，便可將正面能量導入食物中。

在我們找來做實驗的第一批人裡面，有一個人對蝦子過敏，他吃了蝦子後會全身發癢。他原本猶豫著要不要加入實驗。我們要他把蝦子放在一隻手中，再用另一隻手拿著燈，照射那隻蝦子，並對著蝦子說喜歡它。然後他把蝦子吃掉——結果，他沒有出現過敏反應。我們把這套方法拿來測試對各種食物敏感的許多人。對乳品、麥類和其他食品過敏的人，採用這套方法之後立即解決了問題。

我們發現這套技巧可以解決各種敏感症，包括對羊毛、合成材料、貓、花粉、補牙的塡充材料和牙套的過敏，以及對於任何置入人體的異物的過敏反應。我們的實驗成果極爲可觀，並研發出一款更輕巧而易於使用的光療儀，可用於消除過敏。

我們做過一個蠻有意思的個案。有位女士得了所謂的「環境過敏症」，對一切都過敏。她甚至無法住在自己家裡，因爲空氣不乾淨。她不得不住進一間配置了特殊空氣濾淨機的狹小客房裡。她遍訪名醫，但群醫愛莫能助。她似乎就要認命了。爲了測試我們的光療儀，我們應邀到她的醫師診所裡爲她施行這套療程，以防萬一她出現激烈的過敏反應，醫師可以立刻因應。

一開始我們不知該從何處著手，不過既然這位女士連自來水都會過敏，於是我們就從水開始。我們用光療機處理過一杯水之後，讓她喝下。沒有出現任何過敏症狀。她兩眼大睜：怎麼可能。她先生衝到診所大廳，在糖果自動販賣機買了根棒棒糖回來。他們用光療儀照射那根糖，然後讓她吃——非常神奇，她竟然沒有過敏反應。她向我們購買了一部光療儀，而這套儀器和技巧眞可說是讓她重獲新生。而我們當然也因此協助了許多人，尤其是——她先生竟然模仿我們的光療儀，自己做起生意來了！我們並沒有因他的生意而獲利，不過他倒是幫著把這項資訊發揚光大，讓更多人受惠。

後來我們開始實驗把雷射光照射在帶有負面能量的地點及物體上，測試它的效果。果然，如果我們把光照射在受影響之處的時候同時在心中想著正面思維，則負面能量會被我們所加上去的正面能量取代。做法如下：

首先，你需要一部像我們所設計的那種純光療儀。把光療儀照射在你想要淨化的地方，讓光以順時鐘方式繞小圈圈，同時心中不斷默唸著「我愛你」。就這麼簡單！你可以在吃東西之前先這麼做，也可以把光照在你會過敏的衣服上。如果你會失眠，就把光照在你的床鋪和床的四周。總之，假如你置身家裡、工作場所、或任何你認為已經受到負面能量影響的場所覺得不舒服，這套光療儀就可以派上用場。

附帶一提，雷射光也可以止痛。假如你的身體因故疼痛，就把雷射光照射在痛點上，至少持續三分鐘，你會對其療效刮目相看。欲知詳情，請與作者聯絡。

不良的振動

幾年前，我向台灣的一個社團解釋無生物的負面能量會如何對人產生影響。他們原本安排我在一間會議室裡演講，我先詢問那個房間平時的用途是什麼。他們說它通常是開會用的，不過上個星期有幾個幹部在那個房間內被炒魷魚了。於是我知道我必須提前到達，先用我的雷射光清除那個房間裡的不良振動，以免負面能量傳輸給我的學員。

於是我用我所研發的純光療法清除那個房間的振動。快要清理完成時，我靈機一動。我把所有椅子的能量淨化，只留一張椅子不動，這樣就可以讓聽衆看見那個坐在這張椅子上的人會有何情況，藉此闡明我的論點。

聽衆很快就坐滿了。我開始談論振動及其作用。我解釋道，當我們接觸到有機物，譬如房間內的椅子，我們就會開始接收它所含的能量，而這對我們身心都會造成強大影響，也許會令我們無法聚精會神，生產力低落，甚至導致健康問題。

我演講到一半就告訴聽衆，我已將房內的能量淨化，只有一張椅子例外。我要求聽衆猜測是哪一張。沒有人回答。他們面面相覷，可能以爲我瘋了。然後我朝那位坐在具有不良能量的椅子上的人一指，詢問大家覺不覺得這位小姐哪裡有點奇怪。他們一開始笑著瞎猜，隨後就有人說到了重點。那位坐在具有不良能量的椅子上的小姐，不斷打呵欠，而且在我演講時還打瞌睡。十八個聽衆中只有她一個人打瞌睡。

大家先前就發現了她打呵欠和打瞌睡，因而相當訝異。我問她爲什麼會打瞌睡，她回答說她剛進來時並不累，也很清醒，然而，入座幾分鐘後，她開始覺得疲憊。接著我問她爲什麼疲憊，她回答想必是前一天晚上沒睡好。

這時我向她提出我的理論，表示我已淨化整個房間的能量，只有她的椅子例外。那張椅子的負面能量已傳輸給她，並對她造成負面影響，因此她無法專注，並覺得昏昏欲睡。她完全不相信我的說法。有另位小姐先前看到了我淨化房間的能量並跳過那張椅子，她試圖聲援我，然而我們怎麼樣都無法說服那位不相信的小姐。

她已經由椅子吸收了負面能量，並以為那種新感覺是自己的感覺。一旦如此，便為時已晚，那種負面感覺已經變成她的了。若要對抗所接收到的能量，首先就要辨識它，並體認到它不是你的，而是由某人或某處接收來的。若無法體認到這一點，你就會接受這種能量，因而造成身心的傷害。

邪惡的眼神

希臘有一種傳統療法叫做「邪惡的眼」。我生平第一次聽到這字眼時只有九歲。那時我與家人返回希臘家鄉渡假，每一次去探望祖母時，她都會朝我臉上不斷吐口水，口中喃喃說著：「孩子啊，上帝保佑你。」那時我覺得她瘋瘋癲癲，也髒兮兮的。然而，我後來了解了振動如何互動之後，才發現祖母這麼做自有一番道理。

希臘人相信，你如果從某處接收到了負面振動，譬如由某個對你懷著負面看法的人感受到了惡意，這就是遇上了「邪惡的眼」。一旦接收到這種振動，它會進入你身體，透過神經系統的運作，削弱你的免疫系統，使得你頭痛或腹痛，甚至染上重病。

希臘人爲了不受到「邪惡的眼」影響，會想辦法傳輸一種新的正面振動給你。方法之一便是朝著你吐口水和吹氣，同時請求上帝協助你。那種正面的振動就會跟著唾液被你接收。唾液沾上了你的皮膚，可使正面能量更容易傳輸給你。我祖母當年就是出於這番心意。

希臘有很多相關報導，講述了這類療法治癒了從頭痛到癌症等大小疾病的事例，不過這些事例所使用的能量傳輸技巧大都是禱告。曾經有位希臘企業家來台灣看我。幾天過後，他頭痛欲裂，便要求另位希臘同事爲他把附在他身上的「邪惡的眼」趕走。那位擔任治療者角色的同事，坐向桌子的另一端，開始禱告。

我坐在旁邊，也感受到那位治療者散發出一股相當正面的感覺。那個頭痛的企業家就只是坐著，全身放鬆。禱告一直持續著，最後，那個治療者舉起雙手，朝著頭痛的人一指——幾秒鐘後，那個企業家說他頭不痛了，而且他的態度也全然改觀，渡過了一個無痛的輕鬆夜晚。

這種治療爲何能奏效？它是透過能量的傳輸來達到療效。治療者其實只是從自己體內發出強大的正面感覺或振動——經由禱告來做到——然後試著將這股正面振動傳輸到患者身上。由於患者讓自己處於接收模式，於是讓治療者的正面感覺取代了患者原本的負面感覺。

另一種類似的療法見於中國的氣功。這種技巧運用了特殊的呼吸吐納術和導引術，使之在體內發生強大的正面能量，因而排除負面能量。這種正面能量可以投射給那些能夠接收它的人，並使他們獲得能量，強化免疫系統。據說有許多人經由氣功療法而把病治好。

許多基督教的信心治療師也採用了類似的技巧，事實上《聖經》裡也記載了稱爲「按手」（編按：見《聖經》的〈使徒行傳〉八章十八節、〈提摩太前書〉四章十四節、〈希伯來書〉六章二節）的治療事蹟。許多新世代的精神治療師與傳統治療師，包括印度、美洲原住民、非洲巫毒教等等，同樣都運用著能量療法。這種治療能力既不特別也不神祕，其技法只不過是發出強大正面振動並傳輸給患者罷了。

讓環境具有正面振動

包括中國、日本、印度的若干文化，都會定期舉行儀式，淨化環境。據信這樣做可以促進環境的和諧。中國人與日本人傳統上會在運動比賽、婚禮、大廈落成等等重大活動之前舉行這種淨化儀式。

希臘正教的教堂多半每天都會舉行淨化儀式。教士也會定期做家庭訪問，以焚香及聖水清除不良的能量。這些技巧之所以能沿用千年，原因不外是人們發現這種做法是有效果的，可以留下純正的強大感覺，使那個空間充滿向上的氣息，以及得到治療的感覺。

傳統的中國文化素來相信人類的能量可以傳輸，所以不買舊衣，也不穿別人穿過的舊衣。他們盡量不住別人住過的舊房子，寧可購買新居，以免房子鬧鬼，也可招來好運。在亞洲，古董文物不像在其他國家那麼受歡迎，因爲亞洲人擔心古董裡暗藏著鬼魅。人們在結婚時也會購買新衣及新家具，目的是爲了營造嶄新的正面能量。

以前的中國人篤信能量可以影響人的生活，將這套信念發展成獨門學問，稱爲「風水」，用這套知識來選擇居家或工作場所的正確佈置，好維繫健康、帶來成就。最近，風水之說蔚爲風潮，如今世界各地的人都在運用。大型旅館與企業中心也採納了風水之說。爲了符合風水原理而改變設計，所花費的金額動輒以百萬元計。許多人宣稱這些改變使得企業起死回生，讓他們事業有成。

風水的原理與本書所討論的能量互動的原理，兩者相像得令人驚訝。我們可以說風水正是能量互動原理的實際運用。例如，風水之說認爲，一棟建築物的入口所在位置，對於在這棟建築物所從事的活動能否成功是很重要的因素；從我們所了解的能量傳輸來看，如果大樓入口的設計不良，則人進入之後就會受到不良影響而產生負面思考。這些負面振動滲入了前門、地板、牆壁、櫃台、地毯等物件裡。其他人進門時，就會感受到那些負面振動，因而對該場所產生不好的感覺，譬如覺得疲憊、虛弱、失望，甚至憤怒。

最後，人們會對此場所敬而遠之，生意當然就會一落千丈。

假如一棟建築物的設計良好，人們在進門時會受到影響而產生正面能量。由於這種能量已由入口處的物體吸收，因此會吸引更多的生意上門。其後，溝通與協調更爲良好而和諧，並形成安全感與滿足感——這在公司行號意味著生意興隆，在住家則意味著家人關係和樂而身體健康。

古代的傳統中醫——甚至有些現代中醫也依循這套做法——在替病人治病前，會先到病人家中探視，依照風水法則勘察該處的能量狀態。他們相信，疾病都根源於某種和居家風水或工作場所風水有關的問題。換句話說，身體出問題，是因爲身體把無形的能量具體展現了出來。

務必重視環境裡的能量。由於負面能量會累積，所以應當定期加以清除。搬進新家後，應該淨化其中的能量。每一次在工作場所或家中遇到了某種情緒壓力或其他嚴重問題，也都應當淨化能量。買一部雷射儀，養成淨化環境的習慣，讓你的住家和工作環境始終保持正面能量。

有個方法常被用來把好能量帶入屋裡，那就是在家裡舉辦「喬遷誌喜聚會」。此法可以有效清除家中不良能量。但必須讓前來參加聚會的人都散發出強烈的正面振動。最好就讓他們大笑或跳舞，否則他們反而可能會留下不良能量在你家中。

人在家裡時，往往會處於心情放鬆的接收狀態。因此務必要隨時讓正面能量環繞在四周。想做到這一點只有一個辦法，就是把你的房子視爲聖殿。你必須把你的住所及物品當作是上帝的所有物，好好珍惜，只能允許正面的影響力與它們接觸。你也可以依個人喜好使用蠟燭、精油、焚香，使用時要禱告或產生正在能量，因爲這些物品所散發出的香氣或輕煙可以把正面能量散發到屋內各處。

「見鬼了」該怎麼辦？

一開始要先說一則眞實的鬼故事。很少有人眞正見到鬼，因爲必須有強烈的感受才能產生足以形成鬼魂影像的能量印記。這種強度，通常只有在嚴重受傷、遭凌虐或毆打、

鋪床，維持好能量

古希臘哲學家畢達哥拉斯認爲，床鋪不可以看來像剛起床的樣子。他訓諭學生，起床後應摺妥棉被，以手把床鋪攤平，不留下皺痕。

一大早就整理床鋪，並在心中說著「我愛你」之類的正面話語，有助於清除前一晚所留下的不良能量。這樣做也可以提醒自己：床是神聖之處，應該只保留快樂、放鬆、愛等正面事物。床應當像教堂一樣受到敬重，定期清理，維持它該有的目的，讓你在就寢時只會吸收到有助於提升睡眠品質的能量，不會吸收到其他雜質。

水晶與能量

水晶非常能蘊藏振動，有助於讓環境避開負面能量的影響。不需要購買精工雕琢過的水晶，任何水晶，即使是尚未切割過的水晶，都可以接收振動並將之散放出去。假如用於居家，購買未經切割加工的礦晶比較經濟實用。

你也可以用由不同色澤組合成的水晶或水晶球，不過這種比較昂貴。有一種水晶不宜使用，就是市面上常見到的，把礦石切割成一半，露出裡面的水晶。水晶相對的時候所產生的能量，無助於淨化環境。

最適合使用的水晶是單顆的小水晶。你可以買一些來，把它們捧在手上，轉動純光療儀，對著小水晶說你你愛它們，讓它們吸收到好的能量。你也可以禱告，祈求上帝把具有療效及保護功效的能量灌輸入水晶中，好讓你的房子獲得淨化，讓水晶吸收正面能量。然後把小水晶分置於房子四處，有些擺在床下或衣櫃中，有的可以掛起來，有些擺在盆栽內、沙發下，總之放在任何你想擺放的地點。小水晶很容易藏放。

水晶既然可以吸收振動，所以偶爾要把它們清理一番。如果你在家與人吵架，產生了強大的負面能量，就該把屋裡的水晶都清理一番。待你冷靜下來，再把正面能量輸入水晶中。

或死狀淒慘的場所才會出現。

如果你接近了一處有鬼魂振動存在的地方，而且你足夠敏感，你可能會感受到有一股能量存在。那股能量會開始對你產生負面影響。最常見的影響是你的身體會緊繃，你可能會開始頭痛，或者突然覺得有一股莫名其妙想痛哭的衝動，或者覺得沮喪、悲傷、恐懼、憤怒，甚至痛苦。

當你處於接收狀態，例如睡覺時，或者你生性非常敏感，這時鬼魂就有機會顯現。你一接收到鬼魂的振動，身體會與它們調成同頻，你的振動頻率會與鬼魂的振動頻率趨於一致。你在體內產生了這種能量時，就已經和鬼魂的共鳴頻率調成同頻了。這情況就像聲樂家面對酒杯，聲音的能量會使得酒杯振動。你的振動會開始讓鬼魂的能量增強；你會成為鬼魂的能量泉源。

你這股能量一旦被鬼魂吸收，該處所累積的能量就會釋放出來，然後出現一些讓你目瞪口呆的情況。譬如小物件會移動，發出了聲響，你可能會看到身影，或者看到與那個鬼魂當初的強烈感受有關的鬼魂事物。例如，呻吟聲是某人曾飽經痛苦與折磨時所留下的聲音，敲擊或撞擊是他試圖逃脫時的聲響，物體到處飛則是憤怒與挫折的象徵。

這些現象是因為得到了你的能量供給才會發生的。所以，你的恐懼感或其他情緒越是強烈，你所目睹的情況也就越激烈。如果你冷靜下來，向鬼魂散發出愛的感受，你就可把自己調成與這種振動不同頻，鬼魂也會消失，因爲它喪失了能量來源。

夏威夷的鬼魂

我曾應邀到夏威夷檀香山去講一堂課。那堂課在一個朋友的家裡舉行，他們有一個大客廳。我站在客廳前方，面對學員，而房門在我左手邊。門邊有一座大型木櫃，椅子從就木櫃旁開始排成半圓形，環繞著我。

學員們逐一就座，我也開始講課。講了一個小時後，我注意到坐在木櫃旁邊第一個位子的學員開始打瞌睡。這令我覺得不舒服，因爲我了解能量的傳輸，也知道若不解決這個問題，不久其餘學員也會睡著。

我說了幾個笑話，也試了幾個技巧想讓學員們打起精神，不過毫無效果。時間不多，於是我繼續講課。這中間我老是從眼角餘光瞥見有個男人的白色輪廓站在門口，但我一轉頭望向門口，那身影就消失了。起初我以爲是我自己的幻想，然而每當我望向學員，我眼角都可以瞥見那個白色身影。

終於到了休息時間，我們一起吃飯。我趁機問那個打瞌睡的學員，是因爲我講的內容太無聊呢，還是他前一晚太累了，我問他要不要先睡個午覺再回來上課。他回答他不累，課程也不無聊，只不過他一坐下就覺得頸部的舊傷又開始作痛，他無法專心聽課，才會打瞌睡。

午餐後再度上課，我很擔心所有人都會打瞌睡，尤其這時每個人都吃飽了更想睡覺。原本昏昏欲睡的那個學員換到另一張椅上坐，因此他先前坐的椅子空著。我鬆了口氣，因爲我注意到他不再打瞌睡了。

半小時後，一個遲到的學員進門，就往第一張空椅子上坐，也就是打瞌睡的學員原本坐的那一張。不到十分鐘，她就開始揉頸子，似乎很不舒服。這時我停下來，我必須查出原因。我問她是不是哪些不舒服，她說她在坐下來之前都很好，但一就座，她的脖子就開始痛，也感到頭痛。

「眞是怪事，」我心想。我對大家說，我一直看到一個男人的白色身影站在門口。碰巧女屋主在場，我便問她，是否有人在這棟房子裡過世。她回答就她記憶所及，至少在她住進那棟房子的十年裡沒有人在那棟房子裡過世。在此之前該處並未蓋房子，她是在新屋落成時搬進來的。

我對這個答案並不滿意，繼續追根究柢：「這門口處是否曾有人受傷？」半晌，她想起三年前她的前夫有天晚上喝醉酒後回家，開始撞門。她擔心生命受到威脅，因此報警。警方到達時，她前夫與兩名警員發生扭打。警方制伏了他，並用警棍毆打他，把他的腿及肋骨都打斷了。這件事發生在門邊的木櫃，而那張問題座椅就是緊鄰著木櫃的第

而今鬼魂漸減

有沒有想過，爲什麼大部分的鬼故事都是古代傳下來的，而新的鬼故事越來越少？

原因是，現在的人大都是在醫院裡死去。現代醫學提供了強效的止痛藥，所以今日大部分的人過世時不會承受劇痛。以前的人如果生病了，意味著將會痛苦到過世。罹患癌症的情況最爲悲慘，因爲癌細胞的成長會破壞內臟，造成難以承受的痛楚，癌症病人是眞的會哀嚎至死。如此強烈的痛苦，可以產生大量的鬼魂！幸好現代的止痛藥效果卓著，以前那種日子已經過去，而大部分的鬼魂也就消失無蹤了。

如今，最可能出現鬼魂的情況，是在發生了兇殺案或意外的地方，有人長時間承受著強烈的痛苦。不過，在槍擊事件裡遇害的人往往很快就死亡，很少會留下強烈的鬼魂能量。

如果你是個很敏感的人，最好少參觀監獄、集中營或有人遭到凌虐的地方，因爲你肯定會受到影響。

一張椅子！

痛苦與憤怒的強大振動在木櫃上、櫃子後的牆上、櫃子前的地板上和門口處都留下了印記。這些振動會對坐在附近而且剛好處於接收狀態的人造成影響。

我先使用卜杖辨識出振動的來源，然後馬上採取光照法排除負面能量，再把愛與喜悅的正面振動傳送回去。清除妥當後，我們繼續上課。那位女學員坐回櫃旁那張椅子，然後表示她的頭痛與頸痛都消失了。我們上了一堂精彩的課。

下課後，學員們建議我去經營一家驅鬼公司。我說，可惜他們沒能在《魔鬼剋星》(Ghost Buster) 之類的電影問世前就想到這一點！總之，我做的動作應該稱爲「淨化振動」，因爲我們看到了，那位女屋主的前夫仍然健在也能製造出這種殘留，因此人不是在死後才會形成鬼魂。

大部分人完全不知道有振動互動這種現象，因此看到了鬼魂時會嚇得魂飛魄散，以爲會有災禍臨頭，以爲眞有某種生物在場。如果你有過這類經驗，不要讓你的感覺與想像控制了你，而要把握這機會深入認識振動的互動現象。首先，你就以平靜而且明理的語氣與鬼魂交談，這樣會使得它消失；然後，拿出你的純光療儀，淨化該處，清除所有的負面能量。

眞正的鬼魂

一九九五年二月的第一個星期天，我做了個惡夢。我夢到自己置身於我祖母所居住的一座希臘海島上，我與幾個家人在船塢。有人由船塢落海，溺斃了。我試著救人，但爲時已晚。我只能坐在船塢邊緣哭泣，望著那具屍體在海中載沉載浮。

那場夢的後半部，我回到我位於洛杉磯的家中，與我母親、哥哥、姊姊和姊夫同處一個房間裡。我們在爭論某件事，但我記不得是什麼事。然後我哥哥掏出一把槍，射中我的肝。我感覺到子彈射入體內，也感覺到血液由身體流出，就在我漸漸喪失意識即將死亡時，我全身冒汗醒了過來，被剛才的夢驚嚇得喘不過氣來。

從我對能量傳輸的了解，我知道這場夢裡包含了重要的訊息。幾天後我才恍然大悟。我在腰帶右方戴著一具呼叫器，並把它調整成振動模式。整個早晨都沒有人呼叫我，這很不尋常。因此那天下午呼叫器發出振動時，我嚇一跳：振動處就在我肝的位置附近。突然間，我夢裡的影像浮現了。我浮出一股不祥的感受。那是我哥哥打來的。他通知我，我祖母剛剛在希臘過世。我好驚訝，因爲我幾個月沒有與祖母說上話了，而我前一次聽到她的消息時，她還很健康。

後來我知道，她的死法頗不尋常。她獨自居住在我在本章開始所提到的我們希臘老家，每天早晨我姑媽會到她住處為她做早餐。有天我祖母睡過頭了，姑媽得搖晃她才能叫醒她。我祖母叫她別吵：「我正夢見上帝，你吵到我了。我好開心，一切都如此美好。」

「上帝在做什麼？」我姑媽追問。

「祂說要我去找祂，祂不久就會來接我回去，」我祖母開心解釋，並在起床不久就要求我姑媽送她到醫院等死。我姑媽嚇壞了，祖母的身體看不出任何異狀，怎麼能將她送醫。

我祖母穿好衣服，堅持要上醫院。姑媽最後不得不依。醫師詳細檢查了祖母，找不出任何毛病，因此建議她回家。我祖母堅持要在醫院裡過夜。我姑媽與她吵，想硬拉她回家，但徒勞無功。這時，我祖母開始興奮高歌：「我將回去找我所愛的那位，我將回去找上帝！」

醫師最後同意讓她住院，多觀察她一兩天。當晚，我祖母就因為中風過世——就在我做夢的那一刻過世。喪親之慟很難受，不過我得知她去世的過程後覺得寬慰不少。她知道自己的死期將至，而且她這麼開心期待死的蒞臨，這就很有意思了。

許多人自稱有過類似的死亡或瀕死經驗，那似乎意味著死後另有生命，甚至上帝確實存在。世界各地都有鬼魂的傳聞，那些鬼魂似乎是無法前往更高層次的生命；他們留在地球上，彷彿要完成一項使命——就像《第六感生死戀》（Ghost）這部電影的情節。這種事在人夭折時似乎特別容易發生。通常這些靈魂會繼續與活人互動，有時會採取負面而讓人驚嚇的方式。萬一遇到了這種經驗，務必要把它化解，才能維持你的健康。

我有個朋友三十出頭就因爲癌症過世，那時我曾有過這種經驗。那位友人死後，他的亡靈開始在他的老家搬動物體。他也和他一個通靈的友人接觸，那位友人與他溝通，發現他滿心的憤怒與挫折。他越來越兇暴，把她家裡的物品摔得支離破碎。有一天他甚至開始掐她的喉嚨，差一點使得她窒息！這位通靈的友人和那過世男子的妻子都嚇壞了，前來向我求援。我們談到了她應該如何設法維持強大的正面能量，以求自保，也談到了他的鬼魂是活生生的，不只是能量印記而已，她們應當可以與它交談，幫助他冷靜下來，弄清楚發生了什麼事，並設法協助它離開那個似乎把它困住了的地方。

我們正交談著，她忽然感覺到他的存在：「他在這裡，他在這裡！」這時我的門鈴響起。我往窗外看，不見人影。我汗毛直豎，也眞的感覺到了房內有一股奇異的能量：那感覺沉重而冰冷，總之一點都不令人愉快。

那個亡靈透過靈媒與我交談，我藉此機會與他談人生的目的：我使用的是生命密碼所根據的數字學（詳情請參閱《新生命密碼》）。我向他解釋，他假如認命接受了他今生必須學習及經歷的事物之後將會有所收穫，以及他死纏著活人不放其實對他毫無益處。他似乎聽進去了。房間內的能量恢復正常，那位靈媒也又能掌控她自己的身體了。後來她告訴我，他不再亂摔她家裡的東西了，一個星期後就消失得無影無蹤。

有時候，人過世的地點與後來鬼魂出現的地點並不相同。這或許是心電感應造成的。如果有一個人深愛著你，而且在臨終時還想念著你，那麼你會對他們有所感應。或許只是出現一種訊息，或者他們的靈魂會因爲不想失去你而在你身旁陰魂不散。這種情況會導致許多靈異現象，例如家裡的東西會亂動，物品摔破或出現不對勁現象，電燈與電視無緣無故自行開啓或關閉，等等怪異現象。你也會覺得彷彿有人一直伴隨在你身旁。這會令人覺得毛骨悚然，也可能會耗弱你的能量，並吸收那個幽靈的負面能量，甚至會導致你生病。

對付來路不明的鬼魂

如果你撞見一個來路不明的鬼魂，也許是你住進了某個新房間或房子之後發生的，你可以嘗試以下方式：鬼魂出現時，或當你感受到它的存在時，就與它交談，告訴它，你愛它。試著感受它對你的身體造成什麼影響，並接納這種感覺。任由它進入你的空間，並給予它純粹的愛。把它當作一個可憐的迷途兒童，膝蓋擦傷了，只不過需要一點點的愛來讓它繼續上路。大聲向鬼魂說你愛它，並求告上帝或你的神，賜福給這個鬼魂，讓它能夠往下追尋它的下一段生命。你心中越是能湧出眞正的愛的感覺，鬼魂接收到的正

協助鬼魂步上黃泉路

很多方法可以做到。你可以寫封信給那個人，說明他在世時你對他們的感覺，並表示你想念他，也感謝他那麼關心你，一直陪著你。接著向他們解釋，你現在需要自由自在追求夢想，展開新的工作與戀情，完成宿願。請他讓你追求自我，也請他朝向他接下來該去的靈魂成長的下一站前進。最後，向上天禱告，幫忙他克服他的恐懼，邁入另一個層次的旅程。你在信尾簽名，摺妥，然後燒掉。這通常已足夠幫助他們前往他們該去之處。

如果這樣還不能奏效，你就得再做一件事，而這要先了解能量如何進行傳輸。基本觀念是你必須改變你的能量頻率，讓鬼魂認不出你。你一改變，鬼魂就無法再看到你，也因此會繼續走他的路。

這套做法的第一步驟是改變你的心靈頻率。你可以根據我們前面談過的方式來進行，用個人成長和心靈的成長來提升自己。你必須竭盡全力採取「健康三角」的養生觀點（請參閱《來自身體的聲音》），改變飲食及生活習慣，讓自己擁有強大的正面能量。你也得把住處、衣服和工作場所的各個角落全部淨化一番。

面能量就越強，最後它就會獲得能量，前往另一個世界。

能量的兩個極端

身體的能量場有一點很有意思：它有兩個極端。這種兩極性，使得它具有力量可以吸引某些物體而排斥其他的物體。

爲了進一步說明這一點，我們先看能量最基本的類型：磁性。磁力會吸引任何含有鐵的物體。爲什麼？因爲鐵具有磁石所能吸引的能量頻率。磁石無法吸引包括塑膠在內的其他不具有鐵的頻率的物體。

所有的能量都具有極性，所以可吸引或排斥具有類似能量頻率的物體。就連光線也有極性，因爲光也是一種能量。經過極化偏光處理的太陽眼鏡，就是運用了光的極性，阻絕了不良光線透進鏡片。

這個資訊很重要。它說明了身體的能量場頻率可以吸引或排斥其他頻率。如果我們覺得沮喪、消極、悶悶不樂，就可能產生一種會吸引更多困難、負面、健康惡化等因素進入生活中的頻率。如果我們積極、快樂，便可引來積極的人與狀態，也會更爲健康。我們藉著改變身心狀態，可以影響我們所吸引的人事物。我們的身心狀態受到了我在《來自身體的聲音》中所介紹的三種主要因素影響：飲食、身體、心靈。

禱告的力量

禱告是多數宗教都很重視的環節。有些運動員在情況危急時會把禱告當成最後的一線生機。如果你了解了本書所介紹的能量觀念，應當知道，禱告很快就能讓人處於正面的發送狀態。由於你全神貫注於禱告的字句與意念，因此能讓自己避開負面能量，並散發出正面的能量——這可能是最強大的強量，因爲它與上帝有關。

無論你禱告的內容是什麼，禱告都會對你產生療效，也可以幫助你周圍那些能感應到你正面振動的人。無論你有沒有宗教信仰，都不妨經常禱告，讓自己心靈潔淨，並轉化成更強大的身體能量。這有助於讓你自己的能量經常維持均衡，也讓你在遇到了意外或各種危險而需要藉禱告來發揮功效時，不致於措手不及。

禱告就像一種無形的力場，可以滌盡負面能量。在面對鬼魂的能量、情緒低落、重大難題和危急情況時，禱告往往能化險爲夷。

就像其他技巧一樣，必須經常禱告才能發揮最大功效。一開始先試著每天晚上在睡前禱告，然後在吃飯前和工作前也禱告，不久你會發現，禱告越來越能讓你隨時保持正面思考。禱告可以在心中默默進行，因此可以隨時運用。

我在那本書裡提出了「健康三角」的概念，提出了最能影響身心健康的九種因素。我這個概念認爲，促進身體健康的第一步是了解到，若想讓自己健康，你自己的身體需要些什麼。卜杖求問法可以對此提供詳細的資訊。假如你採取行動改善健康，譬如你不再吃那些你以前很愛吃但是有害健康的食物，譬如不要看電視看到三更半夜，譬如你早一點就寢、改善性生活、換工作，你的健康都可隨之獲得改善。

一旦健康得到改善，你身體所產生的頻率也會改變。這表示健康三角也可稱爲「能量三角」。想改變你的外在世界及生活品質，必須先改變你的內在世界。決定權在你身上——你只需要一點知識，並採取恰當行動。

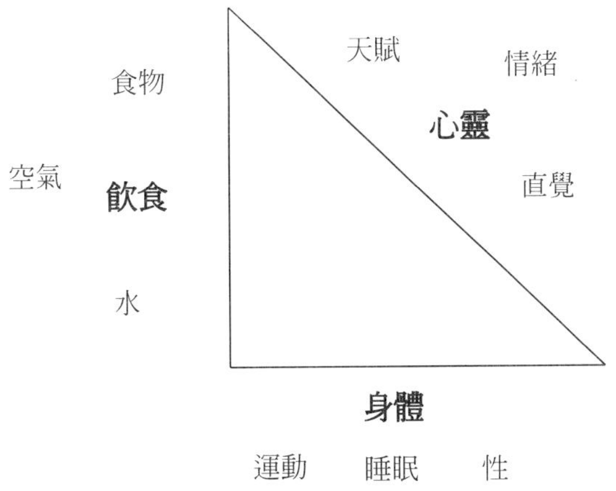

健康三角

part 3 巧合與直覺

The idea that coincidences carry meaning is based on the idea that coincidental events whether good or bad are reflections of what is going on in the invisible world in ones environment, like road signs on the unknown path of life. The meanings received are used to stimulate questioning, analysis, and introspection, to get closer in touch with oneself and especially to determine whether what one is doing in their life is what they really want, consciously and subconsciously. There is no determined result of a coincidental event, no connection that bad events mean bad things will happen, like breaking a mirror will guarantee 7 years bad luck.

第5章 巧合是什麼

「你無法移動一朵花而不驚動一顆星。」

——詩人法蘭西斯．湯普森（Francis Thompson）

以下是一則眞實故事，但應當事人的要求，使用了化名。

楊尼斯當了大半輩子的船員，然而一心想過好一點的日子。問題是他需要一大筆錢才能圓夢。機會在第二次世界大戰後不久降臨：他伺機偷走他那艘船所運送的一批英國金鎊，大約值一百萬美金。

他順利偷走那批金鎊，但是因爲他殺死了兩名保全人員而使得事情變複雜。他把那批黃金藏在希臘一座偏僻的小島上，可是不久東窗事發，他被捕了，並判處在希臘終身監禁。那批黃金則一直未曾尋獲。

楊尼斯守口如瓶，直到他不久人世，才對他最好的朋友克里斯多交待遺言，透露了藏寶地點。他告訴克里斯多他如何竊得那批黃金，搬到一艘小船上，航向一座希臘的無人島。他把黃金埋在島上，打算在戰爭結束後再挖出來。克里斯多一聽，不敢相信自己如此幸運——麻煩的是，他自己也身繫囹圄。

楊尼斯過世後，克里斯多打電話給侄兒裴卓斯。他要侄兒發誓保守祕密，然後要他去尋寶。裴卓斯忐忑不安答應了，心知此行危機重重。在希臘，尋寶是非法行徑，最重可以判處十年的重刑。

裴卓斯得解決不少問題。首先，他需要一大筆錢才能上路。其次，他至少需要一部大型遊艇才能承載那些沉甸甸的黃金。他還擔心自己能否一個人獨力完成一切，自己挖掘、自己裝運黃金，還得提防警察出現。

最好還是找人幫忙，一個他信得過的人。那人必須身強體壯、勇氣十足、具備航海經驗，還有錢支付這趟行程。符合這全部條件的人不好找。他仔細考慮了他所有的友人，找不到誰能擔此重責大任。他只好繼續等待。

幾年過去，裴卓斯的母親背部受了傷。她到醫院檢查後發現她的椎間盤突出，院方說她必須動手術，可是裴卓斯不同意，因爲母親已經年邁，動手術的風險太高。裴卓斯聽說雅典有位醫師偶爾會協助這類病例。那位醫師碰巧是我的朋友，湯瑪士醫師。裴卓斯打電話給他，說明他母親的病況。湯瑪士醫師解釋，如果背部肌肉的張力獲得紓解，椎間盤便能夠回歸原位，背部也可以不必動手術就痊癒。

裴卓斯聽了很心動，同意立刻進行。問題是裴卓斯的母親住在一座小島上，從雅典搭船需要八小時的航程。他母親又不便遠行，於是裴卓斯安排湯瑪士醫師前往該島，待個幾天。

這項療程至少需要一個星期。其間，裴卓斯與湯瑪士醫師逐漸相熟，發現彼此很投契。其後的幾個星期裡，湯瑪士醫師幾度前往那座小島。裴卓斯的母親復原情況極佳，他自己與湯瑪士醫師的交情也日漸深厚。這時裴卓斯想到：湯瑪士醫師豈不正是他尋寶的最佳拍檔？湯瑪士醫師強壯而可靠，又有錢支付旅程，而且有多年的航海經驗。踏破鐵鞋也找不到比他更適合的人選啦。裴卓斯決定提出這個要求。

湯瑪士醫師乍聽，認爲太過危險。然而「有錢能使鬼推磨」，這筆錢眞不是小數目，考慮一陣子，他畢竟心動了。不到幾天，一切安排就緒，遊艇租妥，就等上路了。

出發前夕，湯瑪士醫師難以成眠。他輾轉反側，到了清晨好不容易入睡，他做了個惡夢，從夢中驚醒。日上三竿，陽光耀眼，他無法再賴床了。

那是尋寶的好日子。天空晴朗，陽光普照但溫度剛好——這對於動不動就飆到攝氏四十幾度的希臘夏天來說，是難能可貴的日子。湯瑪士醫師快速收拾衣物用品，裝進一口小手提箱裡。他匆匆在屋裡繞了一圈，盤算一遍待辦的事項。他鎖上門，衝下樓，把行李拋入車內，疾馳而去。

雅典的交通令人不敢領教。雅典城裡大部分的道路都在汽車發明之前就鋪設完成，原本是規畫來讓馬匹與馬車通行的。那天早晨的雅典，格外寸步難行。

由雅典到帕勞斯港的車程通常需要四十五分鐘。那天，塞了一個半小時了他還在中途。倒楣透頂，他一肚子火，決定採取行動。他開始不管紅綠燈、禁止通行標誌及行車速限。似乎有用，他終於覺得在移動了，也覺得好過了些。他一路加速前進，腦中想像著自己乘風破浪，感受著海風拂臉而過，聆聽著他心愛海洋的呼喚，而堆積如山的黃金在他身旁。

前方停著一部車堵住了道路，於是他轉入一條看似無人的單行道，加速前進。眼看他就要到達巷尾了，一部車由街角急轉彎過來，與他的車撞個正著。兩部車都毀了，幸好兩個駕駛都毫髮無傷，只受到了驚嚇。

湯瑪士醫師氣急敗壞：這下子眞的要遲到了。車子被拖走後，他搭計程車到了港口。一到港口，只見裴卓斯雙手環胸，站在船上，氣得滿臉通紅。裴卓斯大吼：「你怎麼這麼晚才到！你不知道現在出發來不及了嗎？」

他們本來計畫在早上八點出港，這樣就可以在一天的航程過後，在入夜前到達下一座港口。如今已是下午一點。這表示他們必須在夜間行駛，承受多餘的風險。希臘有幾千座小島，其中許多島小得只像是突出水面的幾塊礁石，卻足以把船身戳出洞來。這種礁石在夜間難以辨識，天候惡劣時尤其危險。

裴卓斯聽完了湯瑪士的車禍經過，心平氣和了些，並提議把行程延後，隔天一早再起航。湯瑪士醫師不同意，並安撫裴卓斯說不必擔心，他的航海經驗老到，也熟悉這片海域；再說，天氣預報是整夜晴朗，他們不必大驚小怪。裴卓斯勉強同意了，最後終於出航前往希臘最大的島嶼，克里特島（Crete）。

航程慢得出奇，因爲風太弱。於是他們使用馬達加速前進。湯瑪士醫師感受到海風拂過臉龐，無比開心，很欣慰總算出海了。他很快就忘了早上的車禍和其他問題。船隻疾馳的感覺、新鮮的空氣、遊艇乘風破浪所發出的聲響，掃除了一切煩憂。

夜幕低垂，海面更顯神祕與刺激。風力增強，氣溫下降。湯瑪士醫師熄掉引擎，揚起船帆，掌著舵，在風力下駕駛遊艇靜悄悄滑過水面。

裴卓斯到甲板下聽收音機。聽著聽著，插播了一則新聞快報：氣候將有重大變化，一場突如其來的暴風雨逐漸逼近，並已發佈了警報要小型船隻嚴加戒備。幾個小時之後，海象惡化。湯瑪士醫師覺得不妙，決定改變航道，駛向最近的港口。他找出距離最近的有人島嶼，預估在三、四個小時後可到達那座港口，視風力而定。

一個小時後，暴風雨開始肆虐。遊艇顛簸得像是玩具船。滔天巨浪使得船身進水。兩人心急如焚。湯瑪士醫師曾經遇上暴風雨，看得出眼前情況危急，必須立刻採取行動。他查看地圖，發現在一個半小時的航程外有一座無人小島。他再度改變航道，並開始在心中禱告他們可以安然抵達該處。

大約一個半小時後，他們抵達了。那座島嶼很大，但沒有海灘。整座島嶼四周都是懸崖與鋸齒狀的礁石。他們繞著那座島航行，尋找一處可以停泊的地點。幸好，有塊礁石的邊緣有一片平坦表面，類似天然的船塢。

他們緩緩把船駛近礁石。湯瑪士醫師擔心水不夠深，便叫裴卓斯拿著手電筒到前方照射水面，試一試能否見到水底，藉此勘查水深。

海水夠深，他們決定把船停泊在那塊礁石，等暴風雨平息。但，必須有人先從船上跳上礁石。礁石距船大約八英尺。裴卓斯嚇得腿軟，因此湯瑪士醫師必須自己來。

裴卓斯儘可能把船駛至礁石邊緣，這在狂風巨浪之中實非易事。湯瑪士醫師抓了個適當時機，深吸一口氣，縱身一躍——可是他沒能如願跳上礁石的乾燥區，卻掉落在一處隱沒於水中的潮濕地。他滑了一跤，掉進海中，被銳利的礁石刮得遍體鱗傷。

他的身體因爲泡在冷冽的海水中而開始痙攣。這時他試著游泳，但右肩傳來一陣劇痛。他的右手臂不聽使喚了。他開始驚慌，拼命踢水，希望能浮出水面，未果。他急著呼吸——眼看他就要失控了，裴卓斯一把揪住他，把他拉出海面。湯瑪士醫師的臉上沾滿鮮血，一移動身子就痛得大聲慘叫。

裴卓斯協助他回到船上，不知如何是好。暴風雨太過強烈，他們不能冒險出航，必須等待風平浪靜才是。湯瑪士醫師躺在船艙內不敢移動，一移動，就會引來右肩及右手臂一陣錐心劇痛。他知道至少有一處骨折了。

五個小時後，暴風雨平息。裴卓斯把船駛向距離最近的有人島嶼。他們到達，發現島上沒有醫師。他們必須再把船駛回雅典，又得花五個小時。湯瑪士醫師氣壞了，搞不懂爲什麼運氣那麼背。雅典的醫師發現他的手臂與肩膀都骨折了。尋寶夢泡湯了。

傷處的治療相當複雜。過了兩年，他的肩膀才完全復原。養病期間，他經常回想到底怎麼回事，爲什麼意外會接二連三發生？那些意外可是徵兆，警告他們別再尋找黃金？或者只是他們運氣不好，沒有什麼特殊意義的巧合？或許是他太過匆忙，準備不周，而頻頻發生意外。湯瑪士醫師認爲，那些意外不是什麼徵兆或警告，他並不迷信。下一回，他要做好萬全的準備。

三年後，他再度籌畫前往那座島嶼的尋寶事宜。這次航程相當順利。到達了藏寶地點，他們開始挖掘。那地點離海灘很近，因此他們必須在濕沙地上挖掘，進行起來格外吃力。挖了幾個小時，毫無所獲。他們在那座無人島上尋找其他可能的地點，但找不到任何黃金。

這次他們另外找了第三人同行，擔任把風的工作。這位仁兄性情緊張，眼睛緊盯著海平線。風浪開始增強，船隻也開始搖晃。他突然看到有艘船朝他們疾駛而來。他嚇得心跳差點停止，以爲警方要將他們一網打盡了。

他轉身，朝湯瑪士醫師示意，這時不愼失足摔了個四脚朝天。他跌在甲板上，痛得大叫。湯瑪士醫師與裴卓斯飛奔回船上，把他抬進船艙。他的背部椎間盤突出，劇痛由他的背部一直延伸至腿部。此行再度鎩羽而歸，以悲劇收場。唯一值得慶幸的是，那艘船不是警方的船隻。

當世界與你作對

我們都有過經驗，在某些日子裡似乎諸事不順，做什麼都不對勁，世界彷彿在與我們作對。我們要問的是：諸事不順，是不是有什麼意義？是不是象徵了什麼，或者預示了什麼凶兆嗎？或者只是沒有特殊意義的巧合？生活中所發生的事件是純屬運氣，還是注定了必然會經歷某些事件？這些「大哉問」幾千年來一直縈迴在人們腦中。

在基督教之前的時代，人們通常相信冥冥中自有定數，依循特定的模式在進展，而可以透過譬如占星術、骰子、撲克牌、甲骨、酒、咖啡、雲等等的途徑來占卜未來。西方醫學之父希波克拉底曾說：「一個不懂占星術的醫師，不該自稱為醫師。」

公認是數學、天文、地理、音樂等學問之鼻祖的畢達哥拉斯曾說：「善良的人會知道如何附和好運與厄運，而運氣若改變了，他也會知道如何擁護他自己眞正的命運。」畢達哥拉斯認為遇到徵兆應該加以判讀，並相信生命中沒有所謂的巧合，他曾說「世界必須被視為互有關連」、「沒有事情是湊巧發生的」，而他的弟子也曾採行各種型式的占卜。相傳畢達哥拉斯曾在喝下了一口井的水之後，加以觀察，預言將會發生地震和船難，果然應驗。他說過，經由仔細的觀察與正確的訓練，人人都能擁有了解未來的能力，並採取相應行動以求自保。

古代的基督教會也有這類的思想，甚至今日有些基督教派仍然這樣認為。十字軍攻打阿拉伯的城市時，假如戰勝了，他們認為是由於軍隊很純潔，所以蒙受上帝的恩典；假如戰敗了，則認為是上帝覺得軍隊需要淨化，這時教會領袖就會下令齋戒、淨化、禱告，甚至自我鞭笞，藉著造成身體疼痛以示懺悔。

從「沒有事情是湊巧發生的」這樣的信念出發來看，前述的湯瑪士醫師的惡夢與車禍都不是巧合：它們是凶兆，叫他別去尋寶，卻應該放慢腳步以免再遇到困難，或者至少要改變原定的尋寶策略。船上的意外則是更明顯的徵兆，提出了同樣的警訊，也許是為了保護他不致因為獲得了那些黃金而招來更悲慘的厄運。

這種想法，被有些人斥之爲迷信，是古代民智未開的餘毒。然而，眞的是這樣嗎？首先，我們必須澄清「迷信」與「巧合具有含意」這兩個理念的差別。迷信，是相信某一事件或某種行爲會招來不幸，例如以爲打破鏡子會帶來七年厄運。今日仍然存在著許多迷信，譬如以爲敲打木頭可以趨吉避凶，西方人不住在十三樓，亞洲華人不喜四樓，不要由梯子下走過，在路上撞見黑貓會倒楣，等等。迷信，會把你的心思導向負面思考，因此萬一眞遇上了不幸，就會覺得這是天意。然而，古代的預言觀完全不是這樣。

認爲「巧合具有含意」，則是因爲相信，偶發事件無論好壞，都是反應了在無形世界裡所發生的一切；這些巧合，就像是出現在不知路況的人生道路上的路標。這些包含在巧合裡的意義，是爲了讓人提出質疑，加以分析，以及反觀自省，更接近自我。而巧合最特別的作用是，可以判斷一個人到底是眞心在做著他出自意識就想做的事，還是他其實是無意識做著那些事。

巧合不會帶來什麼「注定的結果」，出現壞兆頭並不表示一定會遭逢不幸，以打破鏡子來說，不必馬上認定這會引來七年厄運，卻要檢討爲何會打破鏡子，以及由此事能看出前生活中的什麼情況。採用這樣的思惟，並不是一種迷信；這種思惟，是認知到了環境中及生命中存在著許多未知與未見的事物，每一樁都應該激發我們的疑問、自我分析並提高警覺，這樣可以讓人更清醒，也更能做生命的主人。這是具有正面作用的影響力，而不是像迷信那樣帶來負面影響。

假如用迷信的思想來看，會把前述故事裡的車禍之類的負面事件看成這趟尋寶之旅從開始就注定了會失敗。然而，假如認爲巧合是有意義的，就會把車禍看成只是宇宙傳來的信息，表示行程的準備不夠周全，或者應當暫緩，或者其他含意。假如湯瑪士醫師能用這種角度看事情，他或許不致於吃足苦頭，至少可以享受一段美好的航海時光，而不是兩年的病痛纏身！人生不如意事十常八九，險阻艱難是人生的良師益友。研判巧合的含意，正可以加速我們的人生學習！

「跌倒七次，站起來八次。」

——日本諺語

想要開發直覺，必須了解這種關於巧合的觀念，因爲這些觀念會爲所有類型的直覺鋪路。夢也好，感受到巧合事件裡的能量變化也好，這些都是具有含意的巧合事件；然而，我們又必須了解到，生命中沒有巧合，萬事互爲因果。有些人稱此爲事件的同步性(synchronicity，或譯「同時性」)，但這樣說是有問題的，因爲所謂「同步」指的是事情湊在一起，彼此相容，那麼，事情出了差錯的時候，就不是同步發生囉？有鑑於此，我傾向於把湊巧發生的事件稱爲「巧合」(coincidence)。

沒有一件事的發生是沒有原因的

從本書開始閱讀到這裡，你應該可以淸楚知道：生活不是表面上的樣子。我們生活的空間裡，能量以無形的方式進行互動，這種互動會在諸多層面對我們造成影響。所以，我們可以說沒有一件事的發生是湊巧的，天地間沒有巧合。我們遇到的每一件事，都是我們的能量與環境中的能量互動之後的結果。就像音樂，假如經過妥善調音，就可奏出悠美樂章，也會引出正面的事件。若某件行爲所產生的振動未能與宇宙同頻，將會發出刺耳的聒噪聲，換句話說，就是會發生不幸的巧合。從這種觀念出發，我們便能做出正確的抉擇，營造更好的生活，因爲我們會知道自己所種的因在將來會結出什麼果。

大多數人的思考很容易遭到愚弄或受到誤導，以致於聽信謊言，被人欺瞞，更常發生的是未能事前注意到那些有助於做出正確抉擇的資訊。這樣一來，未來就成爲了碰運氣的結果，而不是出於自己的決定。如果能讓直覺來提供資訊，我們便擁有了強大的能力！然而這不免會引發一個難纏的問題：未來是眞的可以預見的嗎？未來是早有定數的嗎？眞有宿命或命運這回事嗎？

新近的理論數學與理論物理學思潮顯示：未來或許是有可能看見的。這些科學家宣稱，所有的能量都帶著極性，因此，世間萬物必定有一極性相反而大小相同的能量存在。

換句話說，所有物質必定存在著等量的反物質。

「反物質」(anti-matter) 這字眼聽起來像科幻小說，因爲它只存在於其他的次元之中。若它與和它相對的事件接觸了，就會導致爆炸，兩方同歸於盡。

這套理論認爲，物質及其反物質的唯一差別在於，反物質是逆著時間移動的。如果某事件將以意外的方式發生，那麼這件（將來要發生的）事件所造成的振動，會逆著時間移動，並在經過我們的時間之時，擾亂我們的振動。這種作用是非常細微而幾乎難以被發現的，事實上，它們只能以「意外」的方式被察覺。這些意外包括了水潑在地面（畢達哥拉斯是否藉此預測地震？）、風突然改變、動物聲音的改變、雲的變化，或者是刻意製造出來的巧合，例如咖啡占卜或塔羅牌占卜。經驗豐富的通靈者，可以由於心上浮現的某些念頭或感覺，或所做的夢來察覺這種變化。

換個方式來描述這一點。想像你朝著湖水投擲了一顆石頭，石頭落入水中，圓形的漣漪便往外擴散。這些波紋一波又一波湧現，直到石頭投入水中所帶來的能量耗盡爲止。環境裡的無形能量也是類似的原理。如果我們在未來會發生某事，這事會產生逆時移動的振動；這些振動與我們的環境互動，並產生規模較小但極爲類似的事件，就如在水中形成的波紋。這種現象就製造出了在該事件發生之前所出現的事件，也就是「前導事件」或「巧合」。這所謂的巧合，看似無關緊要，可是它們是在向我們預警後面會發生更重大的事。

爲什麼這些經過時間的振動會影響到巧合事件？那是因爲，這些振動的強度相當微弱，而它們所造成的作用，唯有透過自然界在預測事物時最敏感也最不可能的方法才能得知。那方法便是巧合。

以天氣來說，天氣基本上是氣溫變化的結果，因此如果我們知道地球每一點的精確氣溫，便可做出精確的氣象預報。然而，我們不可能得知地球上每一個點的氣溫。就算我們能在地球上每一平方英吋處都放置一部溫度計，各個溫度計之間的空氣溫度也會限制了預報的精準度。

就像我們在投擲銅板的時候，無論掌握了多少因素，結果總是正反兩面各有百分之五十的機率。即使在實驗擲骰子時，可以確知房間的溫度、力道和摩擦力，卻仍有其他因素必須考慮，譬如觀察者的能量、駛經實驗室外的車輛、空中飛過的小鳥或飛機、天氣、雲、月亮的位置、太陽的位置等等，使得我們無法精確預測擲銅板的結果。

確實有證據可以證明我們能感受到未來。本書第一章提到了 Discovery 電視台做過實驗，說明人可以預測螢幕上將會出現負面影像。就算沒學過如何預測未來，我們的潛意識也可以感受到將會發生什麼事。爲什麼？現在我們就可以用這套「振動在時間裡逆流」的理論來解釋了。

這就帶來了革命性的意義。如果確實有管道可以窺見未來，我們就可以採取行動，以改變將會發生在未來的事。而這引發一個更複雜的問題：如果能預見未來，這是否表示未來已成定局，也就是有命運這回事？如果我們改變計畫，能否眞的改變未來，改變命運？想到這裡，你會感到困惑。如果我們取得了來自未來的資訊，並據此採取因應措施，做出不同的決定，以避免那些事件發生，則原本的未來將會如何？對此，也有了一套新的理論！

科學家提出了「弦理論」(string theory)，聲稱當我們是出於對未來的直覺而做出決定時，我們就進入了一個新的未來，但原來的未來還是存在——你聽懂了嗎？弦理論認爲，有幾個未來同時存在，而你的一個「分身」(version) 會進入你所選擇的那個未來。這個說法的基本概念是：平行的宇宙存在於不同的次元中，而其數量是無限的。

這是個奇特的宇宙模型，大部分人無從理解。它的意思是，我們藉由自己所做的決定，選擇了自己要前往哪一個世界。若想感覺一下這個理論，不妨欣賞《黑洞頻率》這部電影，這是第一部以弦理論爲主題的電影。

福兮？禍兮？

運用直覺，似乎讓人具有了能力可以逆轉每一個可能發生的問題，享有完美生活——

然而，這不對勁，與現實世界的經驗不符。我們經常面對著重重限制，以爲自己受制於命運的意志。當一個國家參與戰爭，相關人員會因而受苦受難，但他們自己並不願意。當股市崩盤，所有投資人都會遭到波及。當社會的經濟不景氣，百業蕭條，許多人會因而破產，但他們也許曾是具有專長且雄心勃勃的企業人士。

今日許多書籍與研習課程聲稱可以傳授成功之道，然而個人的成功泰半取決於個人無法控制的因素。生於豪門之家的孩子，從小就得到比別人更有利的機會，但一個誕生於非洲饑饉之地的兒童，能比一個生於美國富豪之家的兒童更能取得成功嗎？一個人有再多的才華再高的聰明，成功往往還是與運氣和時機有關。

有些人認爲，想得到成功，過著好日子，就得掌握天賜良機，認爲「天時」是最重要的因素。果眞如此嗎？有一則新聞報導，一批企業家搭飛機前往南斯拉夫，爲該國飽受戰爭蹂躪的區域斡旋重建合約。有位企業家由於突發事件而沒能趕上那班飛機，對於喪失了良機而懊惱不已。然而那部飛機在途中失事，機上人員悉數罹難。那個一開始以爲沒有把握生意機會的人，反倒逃過了一劫。

這類故事不勝枚舉。我相信你自己也有過類似經驗，原本以爲是在走霉運，結果卻是奇特的命運安排，轉變成塞翁失馬因禍得福，而有時則是滿心以爲遇上好事，殊料竟是災難一場。

選擇的自由

至此，我們探討的其實是「選擇的自由」。爲了眞正創造自己的未來、選擇前往一個不會遇到壞事的新天地，我們應當擁有眞正的自由。而我們顯然並不擁有百分之百的自由選擇權，總是會有無從抗拒的因素，例如經濟、汚染、戰爭等等無法掌控的事。

更精確的說法是，儘管人生確實遵循著命運而行，這是一套由家庭、文化、國家及世上各種發展所決定的模式，然而我們並不是完全任由命運擺佈，我們確實有能力做些改變。許多傳統算命法也都贊同這種觀念，並另有補充。他們聲稱，百分之八十的未來是在出生時就已注定，但還有百分之二十可經由自由意志加以改變。

從手相看命運

古中國的手相學在判讀掌紋時是男女有別的。據說左手可預測未來，說出了命中注定會發生的事；右手則蘊藏著資訊，說出了可以如何改運。由於女性在以前的中國社會裡完全受制於男性，不能上學當然也不能擁有事業，因此女性只判讀左手。她們的未來基本上早已注定，也不期待會有所改變。男人則必須判讀雙手，因爲他們擁有百分之二十的自由可以改變命運。

人若想掌握自己的命運，創造未來，必須學習如何**取得那百分之二十的掌控權**。只要開始採取行動，就會開創出一條新道路，也創造了新的未來。算命只能預卜你在算命時候的未來，假如你採取行動改變了你的未來，就得再算一次命，確認事情是否依正軌而行。

我們可以走入那百分之二十，根據自己的選擇創造自己的未來，而這需要一番努力。我們必須設定目標、努力以赴、自我控制與訓練、做出困難的抉擇、鍛鍊勇氣與領導能力，還得開發直覺來了解我們正朝向什麼樣的未來前進。許多人把金錢當做人生的目標，全力以赴努力賺錢，不過如此一來也喪失了更重要的目標、失去了至親摯友及健康。唯有聽信直覺才能讓我們不致於逸離正軌。

爲了了解未來而開發直覺，這件事比想像中來得容易。就像探討夢的那一章所說的，某些類型的夢境就能探見未來。然而這樣不夠。我們每天所做的每一個決定都把我們領向新的未來，所以我們眞正需要的是，把自己的直覺發展到能讓我們在做出決定之前就獲得充分的資訊——只要我們能深入培養敏感度，讓自己覺察到身體裡外的變化，同時留意所有的巧合，並且把握時機，就可以充分發展直覺力！

置身於別人或環境的負面能量中時，我們說不定會發生意外、做奇怪的夢、碰巧遇上壞事。中國的風水師在堪輿時就運用了巧合事件的概念。譬如，假如他們進入一棟建築物時看到一隻老鼠或蝙蝌，那意味著這棟樓的風水有問題。美洲印第安人也有類似的信仰，他們認爲撞見了某種動物是有特殊含意的，譬如看到一頭鴞棲息在某人的屋子上，表示不久就會有人死去。

我們對未來懷抱著計畫，就算沒有詳細思考過未來，我們每天的行爲也爲我們創造出了一個未來。當我們的行爲並不是替我們帶來一個美好的未來，我們的身體能量就會與未來的能量互動，並創造出負面的巧合。也許是遭逢障礙、意外，或者發生怪事。有個婦人經由婚友社安排，開車趕赴一個不知對象是誰的約會，在途中撞上了一頭橫越馬路的鹿。後來她發現那個相親對象是個瘋子，剛從精神病院出來。

人生路上無形的牆

巧合所傳達的訊息，對於我們的未來到底是好是壞，應該由誰決定？

這問題很難回答。前面討論過，一開始的災禍最後讓人因禍得福（沒趕上飛機的那位企業家），有時則樂極生悲（人在結婚時相信那是他們一生中最快樂的一天，結婚後發現，錯了，結婚那天其實是他們一生中最悲慘的一天！）

答案是這樣的：**巧合事件並不是偶爾發生，而是無時無刻都在發生，數量多到我們早就在潛意識裡學會了把它們屏棄在意識之外**。錯過班機的那位企業家，在搭機之前會出現許多巧合來警告他；搭上了那班飛機的其他人其實也一樣，只不過他們不知道應該如何研判巧合的含意。顯然，逃過一劫的那人，他人生還有很多目前還不知道的事情等著他完成。一對歡歡喜喜結爲連理的夫妻，假如聆聽自己的直覺，就會知道如何預先防範婚姻中的問題，而不至於走上離婚一途；萬一他們決定要離婚，也是因爲他們知道了事情演變至此，兩人分開會比較快樂。

如果你試著聽取巧合所包含的訊息，願意接受它們所展示的可能性，你會得到驚人的領悟：原來，你的命運之路是如此獨一無二。那些訊息會引領你去實踐此一獨特命運。神祕主義者很早就便有此體驗，你現在也可以。那是什麼命運？是達到你的潛力極限，學習你的人生功課，並將你的才華發展到極致。這些訊息，會讓你有機會成爲更高尚也更完美的人類。

所遇上的巧合都是好事時，我們就走對了道路；假如所遇到的巧合都是壞事，我們就偏離了正途，正在通往麻煩。困難的是，訊息源源不絕傳送過來，我們很容易忽略它們。以下以圖示說明這個道理。

畫一條線，代表我們的一生，A點是出生，B點是死亡。

這條線所帶領的道路，關係著我們的命運、我們與生俱來的天份與潛能。沿著這條線走，依據天份受到了某些事的吸引（灰色圓圈），也會被我們必須學習的教訓（黑色圓圈）吸引，也就是讓我們吃足苦頭但最後苦盡甘來的事。

黑色圓圈裡面，有一個可能是失敗的感情經驗。這方面的經歷讓我們成長，並習得技巧成爲更好的人。一旦把該學的都學到了，就沒有理由再繼續了。因此，有人說我們結婚的對象就是我們的人生導師，一旦課程結束，就得付出代價才能畢業。

在我們必須經歷的事裡面，許多對我們產生了吸引的事都在那條線上，當我們往前走向它們，就會遇上正面的巧合。如果我們遇上了負面的巧合，例如車子拋錨或生病之類的事，那意味著我們偏離了正軌。這時我們應該靜心等待，不要再繼續執行原先的計畫，必須再三思考，多多提出疑問。

假如我們對這些警訊視若無睹，一意孤

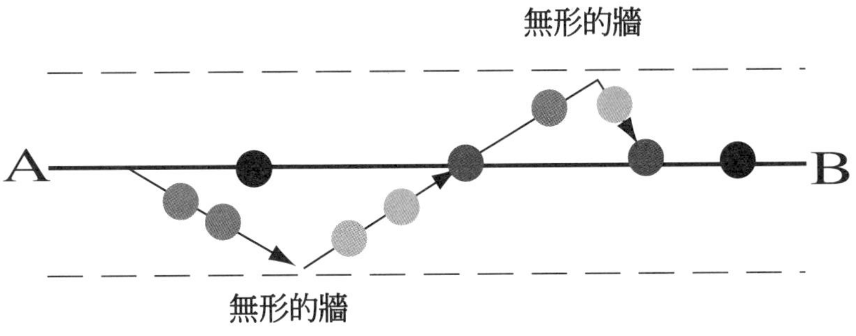

行，就會漸漸走出我們出生時本來預定了該走的路徑，偏離正途，最後，也許就是會發生慘事，結果的嚴重程度不一而足，視各人的人生目標及所從事的事情的嚴重性而定，有人會受傷，有人會罹患重病，有人是遇到其他的悲劇。

同樣的，根據我們所做的事情的嚴重性而定，我們會有機會撞上一道所謂的「無形的牆」。它像是一道界線，限定了我們在今生有哪些事不可做，假如踰越了這道線，說不定就會死亡或者遇害。沒有人知道那條線在何處，而且每個人的這條線並不一樣——譬如兩個人結夥搶劫銀行，其中一人在逃離現場時心臟病發作暴斃，另一人則僥倖逃脫。若想察覺到這道界線存在何處，唯一的方法就是對於巧合所傳來的信息提高警覺，並且多多了解你自己。

巧合裡，自有深意

研判巧合的意義，這技巧很容易學會。只要我們從事那些能增強身體能量的活動，那些朝向美好未來前進的事，就會發生好事。假如我們做了讓減弱身體能量的活動，以及那些會使得未來變糟糕的事，就會發生不好的事。

本書所傳授的治療方法與能量增強法，都可以用一個行爲就做到：**留意你的身體裡和環境裡出現了什麼情況，然後去做可以帶來正面巧合事件的行爲**。聽起來實在簡單，

這一生，到底應該做什麼？

「唯一會令我無法忍受的事，就是一大早無所事事。」

——曼德拉（Nelson Mandela）

藉由認識到生活中的種種跡象和巧合事件，你可以領悟到這一生可以做什麼，不能做什麼。而只要你留意你的夢、你的才華與渴望、你的需求，你就會感覺到這一生確實有些什麼事是你「應該」做的。巧合事件，以及你經由直覺所接收到的訊息，是你人生道路上的指標，但是必須由你自己決定方向。

有人年紀很輕就知道自己的人生方向，有人則需要重新發掘。很多方法可以幫助你塑造人生目標和存在的意義，最簡單的一種方式是想一想你有什麼夢想，如果你沒有任何特定的理想可充當人生目標，不妨從你對於物質的夢想著手，譬如買一輛車、一棟房子，或其他你夢想的物品。有了目標，你會開始存錢，並努力找出增加收入的方法，希望趕快買下那件夢中物品。

然後，你每天要花一點時間反省自己的表現，並回想白天裡遇到了哪些巧合。你會發現，你所遇到的那些巧合，會引導你走上那些能讓你達到目標、甚至超越目標的途徑。而你所收到的訊息，是要你轉業、重新回學校唸書、與現任情人分手、搬家、遷居到另一個城市或移民到別的國家。你假如聽從這些訊息做了改變，那麼你很快就能實現目標。你也可能會收到具備靈性意義的深刻訊息，讓你發現原先的目標不再具有吸引力；而你找到了新的靈性目標——這可能才是你眞正的人生目標。

如果你早就知道物質目標是虛空的追求，你一開始便可以超越物質，而以「認識自己」爲目標。人若不認識自己，將無法找到屬於自己的人生道路。你要開始聆聽你身體的聲音，要學習卜杖求問法，並聆聽巧合裡的含意。一旦認識了自己，就得接受自己，努力打造一種最適合你的生活型態，讓自己每天心情愉快。這不是件容易的事，但只要你眞心追求，就可能做到。

接受了自己之後，要努力發展你的天賦、探索新的主題、結交新朋友、旅行、照顧身體，持續改善你的生活品質。只要專注於你的目標，就會有巧合出現，爲你指點迷津。

在設定人生計畫時需要遵循幾條基本原則。首先想一想，到了九十歲，你會因爲曾經做了什麼而覺得不虛此行，了無遺憾？回顧一生，哪些事和哪些成就會令你覺得你活得有價值？如果你不確定答案，表示你必須多下功夫深入挖掘自我，了解自己的天分何在，並挹注心力發揮長才，這可以增強你的自信，幫助你掌握人生。

「你必須是你希望在世上看到的改變。」

——甘地

建立起自信與自重，你也會開始留意你的感情關係、人生責任、事業發展、健康維繫，以及其他尚待達成目標的領域，並開始讓事情步上正軌。（如果你不確定自己擁有哪些天賦，需要別人幫助你認識自己，我建議你仔細閱讀我的另一本著作《新生命密碼》。）建立起人生目標之後，就能充份理解巧合事件與其他的直覺訊息，幫助你調整你的計畫及目標，讓你達到成功，深入理解你的人生意義。

不過也可能會變得複雜，令人困惑，因爲有時候許多種不同的能量會同時在我們身上發生效用。

解決辦法是學著分析巧合事件的含意。首先，你必須了解五種不同的成因會導致巧合發生，五種不同的能量會與我們的能量互動。

第一型巧合：身心的衝突

當我們疏於照顧自己的身體，就會造成一些巧合。換句話說，這些是我們自己造成的巧合。我稱它爲「身心衝突型」的巧合。

這些巧合包括：不協調的動作導致健康出現不良變化，以及因爲意識與無意識之間的不協調而造成的意外。前面說過，生活不快樂會導致免疫力減弱，而不協調也會導致疾病。

許多新的研究顯示，疾病往往是人格特質所造成的，而情緒或心理上的問題也會以身體的問題來顯現。當我們強迫自己做某些事，譬如表面上我們對於辱罵忍氣吞聲，但我們在潛意識裡覺得不該承受，我們就會出意外或者生病。壓抑情緒是個危險動作，對免疫系統的危害莫此爲甚。

當我們發生了自己造成的意外，譬如跌倒、割傷自己、出現疼痛、半夜做惡夢，或者因爲我們的作爲而引起了其他負面巧合，這時首先要做的是反省：自己的意識與潛意識之間是否有衝突？是否坦然面對自己的所做所爲？是否能處理自己的需求與情緒？是否依照著別人的期待過生活，而那不是自己眞心想要的人生？許多人依循宗教或文化來決定他們的生活模式，也因而無法順著自己的心意過日子。如果不能突破這種限制，眞正過自己的生活，就無法掙脫這種心理衝突。

我們可以用卜杖求問法來找出這些需求，這方法尤其適合用來找出自己身體的需求。只要能滿足這些需求，負面的巧合就不會再出現。本來壓抑著某些情緒，而後採用了前面建議的方式來讓自己得到某些狂喜體驗（參第113頁），紓解了原本壓抑的情緒，那麼負面巧合就會停止出現。原本做著自己明知不該做的事，如果能想盡辦法不再這樣勉強自己——有時這會很難做到，因爲你可能得與某人斷交，或者不再對別人那樣客氣——但只要你做到了，則負面巧合也應會到此爲止。

身心衝突型的巧合，與身體裡所發生的狀況有關，而這個衝突解決之後，這種療癒或舒泰的感覺也可以說是一種巧合，一種正面的巧合。當你做了某件化解了衝突的事，你的免疫力便會增強。所以，第一型的巧合不見得需要發生衝突也能出現。

當我們的意識跟著潛意識的行動而調整的時候，就算沒有出現衝突，也會有巧合發生。例如你想買一套新的音響，但你是門外漢，於是在你動了念頭之後一陣子，你開始在雜誌上讀到與音響有關的文章，在電視上看到音響器材展示會的報導，聽到別人在討論音響，彷彿你對這個題材很有興趣，老天要你多知道一些，而且突然間你周圍的人也都熱衷此道。許多人在懷孕時就有此經驗，覺得突然間四周都是孕婦。這種選擇性的意識與身心的需求有關，經由潛意識的處理，因此假如有某個念頭或某個物品不斷在你的意識中浮現，請當心：這表示你必須學習、解決或者留意某件事。

第二型巧合：能量的印記

有些巧合之所以發生，是由於受到了我們的能量吸引，或者我們被別人的能量和周圍事物的能量影響，也就是前一章所討論的「能量印記」。這一型稱爲「能量互動型的巧合」。

這是第二種常見的巧合。如果所接收到的能量對自己不利，一開始會使得我們的肌肉協調力變弱，然後我們會容易發生意外，會生病、灰心喪志、出現了自己不想要的想法，等等。若想找出這類型的巧合所包含的訊息，我們首先要確認，這些負面事件不僅僅是第一類型的巧合而已，還有別的意義。

當你身體健康，也覺得生活如意，就沒有理由發生負面巧合或者無法解釋的事件，身體也不會起變化——萬一發生了上述現象，你就要想到這會不會是第二型的巧合，你是否接收到了別人或環境裡的能量。負面能量對於健康與快樂有害。

在我的課程中，有個學員在我講到了這第二類型的巧合的課上，想起一個巧合：她先生曾經罹患食道癌，藉著「健康三角」的治療原理終獲痊癒；就在他即將康復之際，她發現自己的乳房有一塊腫瘤，後來證實是癌細胞。她的癌細胞就有可能是與她接收了她先生的能量有關。同樣的，前任美國總統老布希在任內長了一種罕見的甲狀腺腫瘤，不久他妻子也出現同一症狀。他們的房子和自來水都經過檢驗，卻都找不到線索解釋他們兩人怎麼會同時罹患這種罕見疾病。這可能就屬於第二型的巧合。

第三型巧合：逆流的能量

有些巧合是從未來傳來的信息，我稱此爲「逆流能量型巧合」。這類巧合的目的是預警，也是一般人會想去算命的原因。同時，大部分人也誤以爲開發直覺是爲了這類型的巧合。本章先簡單說明幾種類型的巧合，至於如何研判這幾種類型的巧合究竟有何含義，請看第六章。

第四型巧合：自然界的周期

有些巧合源自於自然界的周期循環，包括月亮和其他星球的位置、生命密碼的周期、生物性的周期。我稱它爲「自然界周期型巧合」。

算命師依據某人的生日或生辰，預測那個人在人生會遇上哪些無從避免的悲劇或意外，也能預知死亡的可能時間。這其實是有道理的，某些自然界周期確實會影響到生活中所發生的事件。我們若能對此有所認識，就能配合那種自然界的周期，儘可能把它的負面作用加以緩和或化解。

哪些自然界的周期會影響人的生活？我們環境中的所有能量裡面，以月球的影響力最爲強大。月球能控制潮汐和大部分的動物行爲，甚至人類的行爲。研究顯示，急診室最忙亂的時間是在滿月的夜晚。儘管還沒有研究深入探討月球對人類生活的影響，但月亮的影響力是不容否認的。想預測月球的影響力，唯一途徑是經由占星學與數字學。

占星學把月球及我們這個太陽系的其他星球的影響力都列入考量，聲稱人在一生中有時候可以做某事或不能做某事。這個說法，數字學也贊同，並認爲生命依循特定的周期，每九年及十八年會循環一次。耐人尋味的是，天文學也說，月球以大約十八年的周期環繞地球一周，這意思是說月球每隔十八年會出現在天空中的同一個位置。根據這個原因，數字學認爲，人生會以九年舒服九年辛苦的周期進行，因此每隔十八年會重複發生同類的事件。

如果你想預測自己今年會發生什麼事，只要回想十八年前發生什麼事即可。你可以把今年所發生的事件逐一列出，再追溯十八年前所發生的事，然後檢討你當年所做的決定是否明智。你會發現你如今也遇上與十八年前類似的問題。這種「後見之明」可以幫助你做出更好的抉擇。

要驗證自然界周期的影響力，唯一的方法是學習數字學之類的預測技巧。隨著你在數字學方面的認識逐漸深刻，你就會和很多人一樣發現，你越來越無法否認，確實有看不到的周期力量在生活裡產生作用。這些作用力讓人在某段時期特別會遭逢艱難，在另段時期則福星高照。

這種周期因素很容易就會在生活中製造出正面巧合與負面巧合。它們就像風吹過船隻所航行的海面，如果船隻想改變航向，必須知道風由何處吹來，才能把船帆調整爲正確的角度。

若想了解巧合的含意，必須先知道你目前處在哪一個周期。例如，某人所處的周期並不適合擴展業務，不適合太過野心勃勃，但他渾然不知，於是就會不明白爲什麼每一次試圖推展新的計畫時就會遇上負面的巧合。如果此人對於那些警訊置若罔聞，即使他的能量很強大，也會歷經千辛萬苦，損失慘重，意外連連，病痛纏身。這些巧合只是要告訴他：稍安勿躁，時機遲早會來，只不過你必須知道那是什麼時候。若想知道如何找出個人的生命周期，請參閱《新生命密碼》。

第五型巧合：上帝的旨意

有些巧合是所謂的「上帝旨意」，包括了地震與悲劇和其他慘禍。我這裡稱它為「上帝旨意型巧合」。

有沒有一個神靈的世界在影響著人的生活，或者引往成功或者導向災禍？為什麼年年有成千上萬人因車禍之類的悲劇喪命？為什麼地震及其他天災會殘酷無情地奪走人命？為何有人在青春正盛時發生意外以致殘廢？為何有些嬰兒一出生就帶有缺陷？當悲劇發生，那僅僅只是意外嗎？還是說，有什麼原因導致了這些意外就是會發生在某些人身上？對此，人人有一套看法，每一個人選擇了自己想要相信的說法。

從東方的觀點來看。東方人對於上天旨意這回事的看法，可以從佛教、道教和印度教的教誨中看出來。這些東方宗教教誨世人，發生了不幸，不要怨天尤人，而要反求諸己。輪迴轉世的觀點認為，悲劇的發生，是要讓我們償還前世所造的罪業。譬如有個家庭裡誕生了一個智障兒或畸型兒，這意味著好運降臨，是那個孩子決定用這種方式來到世間，藉此清償業障，如此也能化解父母的若干業障。如果我們必須清償前世的罪孽，便會經由這類的巧合事件而在今生履行。這些東方宗教大都教諭信衆，日日修持精進，可以早一點償清宿業。

至於西方人在看待不幸事件時，認爲那是上帝的旨意。譬如基督教認爲，上帝的行動是神祕深奧的，而上帝依照每個人所能承受的能力來把挑戰加在人身上，不會讓你承受超過你能承受的限度。然而，祂既被稱爲「慈愛的上帝」，實在很難讓人接受祂也是造成了九一一恐怖攻擊事件的上帝。對此，包括了基督教、猶太教與回教在內的西方宗教，都採用了「魔鬼」這種觀念。善與惡的衝突乃是《聖經》、《可蘭經》和其他聖典中諸多理念的基礎，說到了壞事爲何會發生，就總會出現善與惡的角力，有時候魔鬼的魔力無邊，連上帝也無力保護世人。

然而，人類其實自古以來就相信，神祇掌控著人類的生命。如果神祇開心，就會賜下鴻福，若他們不悅，就會製造天災人禍。這種信仰持續到希臘帝國，甚至到羅馬帝國以降。羅馬人和希臘人一樣相信，神祇與人類溝通的方式是透過象徵，包括夢、各種算命法和其他形式的巧合。類似的信仰也出現在北歐的督伊德教（Druid）、非洲的傳統宗教、美洲原住民的信仰、玻里尼西亞人與澳洲原住民的宗教，以及許多古代的其他宗教。這些信仰以算命與祭牲作爲方式，以此與神祇溝通，並說服神祇改變未來。人有能力與神溝通，也相信神可以透過象徵、預兆和巧合事件直接與他們溝通。

隨著羅馬皈依基督宗教，事態完全改觀。基督徒認爲算命和預言是撒旦的法術，因此嚴加禁絕。歐洲史和美國的早期歷史中，獵捕巫師的記載罄竹難書，儘管沒有證據顯示某些人從事算命活動，這些人也慘遭屠戮。這之後的人相信，人可以透過禱告向上帝發出信息，不過上帝不能像古代的信仰那般與人直接溝通，只能透過教會領袖溝通。

從能量的觀點看災禍

有一個新的觀點可以解釋爲什麼不幸會發生，那就是能量的觀點。如果一個人的能量夠強，足以製造出巧合，則人群的能量結合——例如一座城市的全體市民、一個地區的居民或一個國家的民衆——當可造成更大的巧合。美洲原住民會跳祈雨舞，想結合衆人的能量來影響天氣。古希臘哲學家畢達哥拉斯與門徒，都可以影響天氣、使海面風平浪靜，爲他們贏得了「止風者」（wind-stiller）、「騰雲人」（air-walker）等的外號。

這種觀點認爲，發生在某一群人身上的巧合，是由該地區全體住民的內心狀態所造成的。這種振動所創造出的巧合可以預測當地將會發生什麼事——這是出於第三型的能量在時光中逆流的道理。上帝旨意型巧合，在某種程度上可說是融合了第三型巧合（逆流能量）與第二型巧合（能量互動）而成的特殊形態。當廣大的群衆，例如一個國家的全體人民，共同產生了一種能量，就會將他們引領向某一特定的未來。若它是負面的能量，則這群人在邁向未來時，我們可以預期將會發生重大意外與慘禍。

這類巧合的佐證很容易找到。當年蘇俄總統戈巴契夫（Gorbachov）前往美國參加一場重要會議時，蘇聯發生了一場死傷慘重的大地震。戈巴契夫於是縮短行程，趕緊回國。這類慘禍是警訊，警示了未來會發生更大災禍，當立即採取斷然措施加以改變。這是否在警告戈巴契夫，應該放慢經濟改革的步伐，以免他的地位不保，避免其他更嚴重的問題？在此事件後不久，戈巴契夫就黯然下台，蘇俄也在適應戈巴契夫所做的改革而動盪不安。

這裡需要注意一個重點：這種警訊並不表示蘇俄應當停止改革，而只意味著前途困難重重。我們不是在研究迷信，而是在觀察振動如何互動。

菲律賓曾為了要不要讓美國的海軍基地繼續駐守而爆發激辯。在此同時，菲律賓境內的平納突波火山（Pinatubo）爆發，不僅菲律賓受害，也影響了全球的天氣模式。這場火山爆發與美軍基地撤離後對該地區造成的影響有關嗎？火山碰巧爆發，是意味著那座基地應當撤除，還是應該保留？那場火山爆發是否預言了菲律賓人必須接下美軍原先所提供的安全維護角色，否則將會有更重大的問題發生？

塞普勒斯（Cyprus）政府曾經打算建軍對抗土耳其。計畫之一是架設一枚俄國的火箭。土耳其的回應則是揚言宣戰。此地區的戰火一觸即發，直到最後美國居間斡旋，讓兩國簽署一份條約，約定十八個月內暫時偃旗息鼓。就在當天，一場大地震重創該地區，連中東都覺得天搖地動。更令人訝異的是，在此之前幾個月，土耳其與希臘兩軍意外頻傳。這些巧合事件是否說出了將有更重大的事件發生？

奪走了數千人命的日本神戶大地震，發生時日本正陷於最淒慘的經濟困境中。地震彷彿摧毀了日本的地基。神戶地震是不是一個警訊，警告日本必須審愼制定經濟政策，不能將一切視爲理所當然？

一九九五年，台灣海峽頻頻出現軍方的意外，而中國也發生了爲數超乎尋常的水災與地震等天災。在此同時，台灣總統李登輝投入總統選舉，鼓吹台灣獨立。他並以非官方方式訪問美國，在一所大學演講，此舉惹火了中國，引來中國政府的強烈抗議，並公開威脅要以武力犯台。台灣軍方的意外死亡人數增加，以及中國的天災層出不窮，這是不是警告了將會有更嚴重的麻煩？這是否意味著若不調整政策，就會面臨戰爭？

後來，也是在總統選舉之前，台灣發生了有史以來最嚴重的地震，造成數千人罹難。在此同時，台灣也遭到豪雨與颱風肆虐。這些巧合是否預言了執政的政府將自開國以來首度在選舉中敗下陣來？結果確實如此。這一信息是否意味著不僅政府要下台，經濟也會如日本一般陷入困境？

循此，我們不得不問：美國遭到九一一恐怖攻擊一事究竟有何含意。它預示了這個世界強國的寶座即將不保嗎？隨著歐盟與中國的茁壯，未來是不是會出現權力的消長？美國是否應當改變其對外政策？九一一事件是否在警告美國，不要攻打阿富汗與伊拉克？那場攻擊，是否在警告美國，未來會發生更重大的災禍或改變？若不了解上帝旨意型的巧合，就只能等著時間來解答了。

這種巧合背後的邏輯，從「歸屬感」衍生而來。如果你是某國家的公民，你就屬於這個國家。你的能量頻率會與你國家的頻率有關。你發生了任何事，它也局部反映了你的國家將來會發生的變化。譬如假設你是軍人，就技術上而言你的生命已不屬於自己，而是屬於你所隸屬的軍隊。在此情況下，你就可能會因爲與軍隊和國家整體的能量有關的巧合而喪命。假如軍人死於意外的人數增加，這通常是在警告將有戰事或大災難，如果政府或軍方領袖採取了恰當行動，這些未來事件都可以避免。

依照這個「上帝旨意」的理論，不管個人的能量強度如何，都可能會出現死傷。如果一群人捲入了一場災禍中，這多少與這群人的能量有關，不過很難說是牽涉到了哪一種層次的能量，特別如果那是屬於靈性層次就更難確知了；如果可以確知是何種層次的能量，並與那股能量區隔，則倖存的機會就可增加。不過，我們至少可以做到在精神上與那股能量區隔開來。

許多人相信，心中想像著白光的畫面、向上帝禱告求助，或者其他尋求神靈庇佑的方法，可以幫助他們在危機時保住一命。這可能是眞的，因爲任何需要你專注於正面思考的方法都可以強化你的能量場。如果遭遇了不幸，最好的因應之道就是從你的身體散發出超強的正面能量，藉此趨吉避凶。有時候，能量的小小轉變就足以使意外不致釀成巨禍。天助自助者；面臨麻煩時，首要步驟便是產生正面的能量！

第6章　如何研判巧合的含意

「人生好比騎脚踏車。想維持平衡，就得不斷前進。」

——愛因斯坦

你可曾想過，爲什麼人類只有兩隻脚？我想，那是爲了要我們學習如何在處理事情時一次只走一步。如果我們想要安然往前進，就不能兩脚同時往前，那會使我們失去平衡，也不知道將會跳入什麼情況中。

走路最好的方式是把一隻脚踏出去，確認了所踩的地面是穩固的，然後再邁出下一步。我們應當依此方式做出可以讓生活穩定與成功的決定，而這種「一次走一步」的方法，也是研判巧合含意的正確方式。

巧合，不會說出事情的結局，它們只說出了下一步該怎麼，何時該等待、何時該停下、何時該改變方向，以及何時可以緩緩前進，何時卻應當衝刺。在關於速度的指示之外，我們必須先有一個可以遵循的方向，想達成的目標。

很多人懷疑巧合事件的出現不是隨機的，他們試圖理解巧合並接受其含意，卻碰上了相互矛盾的巧合，而且往往是相繼而來：先遇到正面的巧合事件，隔天卻遇上負面的事件，然後是好事，接著又是壞事。這往往會讓人不想再辨識巧合的含意，認爲巧合事件根本沒有意義。上一章探討過，人活著都需要一個明確的目的，並且追求某些人生目標，如此才能理解巧合的含意和直覺的資訊。一旦我們擁有了那種資訊，就可以解釋這類好事與壞事交替出現的原因，並且走在正軌上。

巧合，是我們的能量與環境中的能量互動之後所造成的，然而，我們的能量是會變化的，隨著各種想法與感覺而變化，隨著我們吃進肚子裡的東西而變化，隨著我們呼吸的空氣、睡眠的長短和「健康三角」（或可稱爲「能量三角」）的所有因素而變化。巧合不是別的，就是對於我們身體內外所發生的事情而起的反應。所以，爲了了解巧合，必須時時清醒，明白自己的生活中發生了什麼事。

許多人渾渾噩噩過日子，除了吃喝睡覺之外別無其他目標，也不企圖創造美好生活或提升自我。如果你是這種人，你就很研判巧合的含意，因此你的直覺力無法提升。巧合是你人生道路上的路標，所以你得先有一條人生道路才行！

除了知道自己人生的意義並具備明確的生活目標之外，你若想更精準研判巧合的含意，就必須時時保持平靜，並具備強大的能量。研判巧合的能力就和其他形式的直覺力一樣，是以你辨識自身變化和環境變化的能力爲出發點。你必須時時刻刻都能察覺到所有事物，敏於辨認事情的變化；這就必須非常冷靜才能做到。我們花了不少篇幅討論這一點，也特別在卜杖求問那一章再三建議應該打開胸懷，屏除雜念。如果你做不到冷靜與敞開心胸，而你平時就常覺得不舒服、頭腦昏沉、疲憊、虛弱、無精打采，你就無法感受到變化，也無法掌握大部分巧合的含意。這就像有一條潔淨的白色毛巾，一旦弄髒了你一眼就能看出來；假如你的毛巾原本就髒兮兮，那麼就很難看出它是不是又沾上了什麼污垢。這聽起來或許很難，不過其實很容易，而且熟能生巧。

在研判之前，先提高敏感度

能感覺到變化，是因爲感受很敏銳——敏感，正是第一步也是最重要的一步。從起床開始，你就問自己：從一至十，一是非常不舒服，十是最舒服，你此刻位於哪一級？如果你低於八（八是大笑了幾分鐘之後的感覺），就要問自己：你昨晚吃了什麼？那些是容易消化的食物，還是包含了會造成發炎的成分，例如油炸物、味精或是你會過敏的食品？如果問出了答案，今天就應該吃適當的食物，隔天早上再感覺一次。

如果你醒來後覺得情緒低落，但你前一晚吃得很好，或者其實什麼都沒吃，那麼就是別的因素干擾了你。你昨晚用餐後與誰相處？你是否由此人身上接收了負面能量？你是否在壓抑某種情緒？你是否有壓迫感？如果上述都不成問題，那麼你是否由某個住在他處的親近的人那兒接收了負面能量，因爲那人最近心情沮喪？如果你從別人那兒接收了負面能量，就要快快採取清除行動——要記得，你必須體驗二十分鐘以上的欣喜若狂才能達到目的。

最理想的情況是你覺得煥然一新，活力充沛，神智清醒。這些感覺尤其應該在早餐後出現。你就從早起或早餐後的感覺爲起始級數，留意自己一整天裡的變化。然後，你要開始對於自己的心理狀態保持敏感，甚至可以每隔幾分鐘就檢查一次，自問頭腦多清醒？覺得多累？然後由一至十挑選一個適合的級數來判定。任何突然轉低的數值都是個巧合，它是在告訴你：某事正在影響你。通常這種影響是來自別人或環境。

敏感的人會發現，每一天——或許一輩子——絕大多數的時間是由於頭腦不清醒和感到疲憊而浪費了。如果你也是如此，就必須採取行動加以導正。先從前面說到的晨起檢查做起，找出自己的問題嚴重到什麼程度，每天有多少時間是處於低能量值。導正之道，從飲食開始。不要再吃垃圾食品及甜點，減少加工過的澱粉質食物例如白米的攝取量，改吃有益健康的食物，並且少量多餐。這有助於使你的血糖穩定。如此進行四天，儘可能嚴格執行，然後再測量你的感覺。如果疲憊與昏沉的感覺已經大大改善，那麼你的問題就出在營養的攝取，因此應該維持良好飲食習慣，並且要對營養做進一步的認識。

如果你改變飲食了卻還是無濟於事，那表示你受到負面能量的影響，必須藉著每天都體驗到狂喜來加以清除。這可以提高你的能量級數，幫助你留意到你的狀況是在每天的哪些時刻情況變得不好，是在與某個朋友或工作夥伴相處的時候嗎？是走進某個地點就會累嗎？戴上某個飾品就覺得不對勁？問了自己這些問題並追蹤你的夢之後——答案往往會在夢中浮現——你就會發現你應當避開什麼人或什麼事物。如果你與那人住在一起，或者如果那些物體遍佈在你周遭，你就得做出重大抉擇。

待你調整成爲頭腦清晰、精力旺盛、企圖心強烈，而且每一天、每個月、每一年都有明確目標，知道自己這一生的目的——你會發現你馬上就學會了如何研判巧合！在達到這境界之前，如果你無法理解某些事，不要氣餒，只要繼續努力學習。任何不斷學習及成長的慾望與行動，都會得到回報。

研判巧合的第一原則：判斷本質

面對某件巧合，想研判它的含意時，首先要研判它的本質是好的還是壞的。先簡單感覺你在事件當時有什麼感覺，問自己：這巧合對於你有沒有正面的意義，你是不是覺得頭腦更清楚，或者某個病症改善了？還是反過來，你的感覺不好，或者覺得受傷，或者會造成損失，令你覺得頭腦不清楚，昏昏欲睡、非常疲憊，某種病痛開始發作？

以下舉例分別說明正面與負面的基本指標。

正面的巧合可能會造成以下這些反應：

• 整體來說，你覺得更強壯、更幸運、更開心，事情順利，東西聞起來很香，看起來很美，聽起來悅耳，嘗起來很美味，觸感很舒服。
• 你原本覺得OK，沒有不對勁，卻也不算舒服，覺得有點累或睏——但突然覺得清醒，精神為之一振。
• 你出現了腹痛、流鼻涕、喉嚨痛、頭痛等症狀，卻突然不藥而癒。
• 感冒或者生了其他病，很快就痊癒，幾乎可說是馬上痊癒。
• 睡了一夜好覺。如果出現在一場會議或其他大事的前一夜，這特別有意義。
• 發現了一家美味的新餐廳，或者在平時手藝不佳的餐廳意外吃到一頓美食。這在會議期間或其他大事之前尤其重要。
• 做了一個好得出奇的美夢。
• 不經意見到極為可愛的兒童，或是超級美女或帥哥。
• 在你打算購物的商店前，或你要開會的地點，很難得竟然找到了停車位。

．即將與一個陌生人見面，在赴約途中看到某人長得酷似一個老朋友。那麼，你將要認識的那個人或許會有若干特點與你的老朋友類似。可能是身材相仿或個性類似；當然也可能是具備類似的弱點，因此如果你看到的那人不是個好人，這個巧合或許是負面的，是警告你要小心你即將碰面的那個人。

．在街上撿到錢或其他值錢的東西。（不過，若你撿到的東西引發了你不愉快的回憶或回想起某件不堪回首的往事，就不是正面巧合。）

負面巧合則可能出現以下狀況：

．整體來說，讓人覺得不安、不自然、不愉快、痛苦、醜陋、難聞、難吃、恐怖的人事物，都是負面巧合。

．突然覺得疲憊、想睡覺、頭腦昏沉、注意力渙散、情緒不穩。這時，你正在接收你身邊的人或環境中某種物體所傳來的怪異能量。這通常會發生在你覺得某人心裡在想著什麼但是沒有告訴你的時候；他想的是個祕密。

．忽然出現的疾病或病症，包括打噴嚏、發癢、反胃或腹痛、舊病或舊傷復發，身體某些部位的怪異痛感、頭痛、背部、關節痛、膝痛，等等。

（附註：身體的特殊部位與該部位所代表的特殊意義有關。例如，膝痛可能意指不論你正在進行什麼行動，都必須放慢步伐。這或許是你的潛意識不想繼續推行你的計畫，因爲你最後會受到重重限制。或者是你的直覺說那個計畫有問題，情況將無法如你所預期。當身體的某一個部位發生了病痛，就是身體在向你說話。停下片刻，思索它的意義，想一想那個身體部位對你來說代表什麼意義。）

• 任何意外，譬如摔倒、滑倒、撞擊、瘀青、被紙張或廚房裡的刀子割傷。

• 說溜了嘴。這通常稱爲「失言」（英文裡稱爲 Freudian slip）。希臘的奧林匹克運動會主委在接受CNN訪問時，以希臘語發言，他原本要說：「我們一直在處理這個企畫」，卻不愼說成「我們一直在處理這個怪物」，那兩字在希臘語中相當類似！

• 你的車子、電腦、手機或其他的機器故障。務必留意你的機器故障時附近有沒有別人，因爲那可能意味著你必須重新考慮你與那人所進行的計畫，它也可能表示你對他們的想法是不正確的，你以爲你們是朋友但其實是你一廂情願。

• 發生了汽車或腳踏車的車禍。車禍的嚴重程度，與你打算在未來進行的事情的潛在災禍有關。這車禍是在說：改變你的人生，否則你就有得瞧！

• 遺失了某人的電話號碼或名片。這是要你做事更有條理，也可能是在告訴你，你對正要打電話找的這人所懷的期盼或許會落空，或者他們給的不是你想要的。

• 迷路，自己赴約遲到，某人赴你的約卻遲到，甚至沒能趕上飛機。這可能意味著，即將發生的事不如你的預期或計畫。

- 做惡夢。往往有很多種可能的含意，請參閱「夢裡的直覺」那一章。
- 弄丟了錢、貴重物品或證件，或被人搶了。這些可能是在告訴你，你還會遺失更貴重的東西，或者你正在做的事將不會如你所預期般利潤豐厚。
- 被動物咬或昆蟲叮螫的部位，與你正想做的事情大有關係。如果是在膝蓋被叮咬，而你正打算出門旅行，這或許是在警告你應當重新評估此行的動機，而你想做的事將無法如你所願。如果你改變想法，情況則會好轉。想一想你被螫咬的身體部位對你有何象徵意義。
- 遇上某種恐怖的事情，例如有個乞丐靠近你、被某種巨響嚇到，因盤子碎裂聲而吃了一驚，等等。
- 某種物體出乎意料地移動。這或許是所謂的念力（psycho-kinesis）造成的。如果你正想著某件事，而你身旁的一件物體自行移動，那或許是念力的作用。你正在思索的那股能量出了差錯，干擾了你周遭的能量，因而造成物體移動。

研判巧合的第二原則：辨別時機

經過上述步驟，判定了這巧合是好的或不好的，接下來就要辨別時機。

問自己：巧合發生的時候，你正在想著什麼事嗎？若是，那是什麼事呢？這問題對於找出答案攸關重大！

如果你坐在咖啡店裡什麼都沒想，而有人把咖啡濺到你身上，這是什麼徵兆？你只是走在街上，什麼都沒想，卻跌了一跤，這又是什麼意思？這些是「非思考性巧合」，也就是巧合發生的另一種可能時機。

如果你正在想著某事，而這時發生了巧合，這稱爲「思考性巧合」。譬如你在咖啡館裡想著一件令人興奮的新生意，這時服務生打破一個杯子，那就是一個思考性巧合。

一、非思考性的巧合

你沒有特別在想什麼事，也沒有什麼強烈的感覺，這時發生了一件巧合，這事件是由你的基礎能量產生的。你可以藉由分析這一前導事件來判別將會發生什麼事。

若前導事件的巧合是好事，則在隨後會發生的更大事件中會出現更好的事——前導事件不只是壞事而已。如果有某種強大的的好事即將發生，例如找到好工作或認識一個好人，這時你會遇上正面的前導巧合，例如在街上撿到錢，或者就在開會地點前方找到一個停車位，或其他的正面巧合。

這些巧合不僅可以預告好事將會到來，也提供了其他資訊。例如，有人提供你一份工作但你不甚喜歡，可是你仍決定前去面談，並在沿路注意到許多好兆頭，這意味著那份工作比你想像中更好，你應當認眞考慮。當你對某些事並不懷有好感時，正面的巧合會告訴你那是不是好事，會爲你帶來難以想像的機會。

我幾年前走訪日本時就遇到了正面的前導巧合。

那時我已經住在台灣了。我那天煮了希臘式咖啡，對友人說我想渡假。談話間，我把咖啡擺在一旁。這時，友人發現那杯咖啡表面浮現一幅清晰的日本地圖，非常驚訝。我當然也非常詫異。

我本來還沒有決定去哪兒渡假，那幅咖啡上的日本地圖便讓我把日本列入考慮，因爲我有一張赴日本的單程機票始終沒有使用。我擔心機票已經過期了，於是打電話到航空公司查問。他們確認那張機票有效，而且我預計出發的那一天還有一個座位。我決定前往日本。

抵達東京後，我必須再買一張單程的機票回台灣。一位台灣友人給了我一個東京旅行社業務員的電話號碼，那是他的多年老友。由於那是我第一次造訪日本，我的朋友認爲最好有本地人接應。我打電話給那位旅行社業務員，並安排在一個星期後見面取機票，也替我那位台灣友人轉贈一份禮物給他。

行前，我父親給了我一個他住在東京的友人的地址與電話號碼，我試著撥那個號碼，卻無法接通。我試著找那個地址，而那家公司已遷移。因此我便一個人探索東京。

一個星期匆匆過去。我與那位旅行社業務員會面，發現他人很友善。我們一起喝咖啡，我告訴他我去了哪些地方，並提到我因爲沒有找到家父的友人而略覺失望。

他要求看那個名字及地址，看了之後立刻露出微笑：「你認識他？他是我的朋友。」我不敢相信：「眞的嗎？會不會是同名同姓？」他說，我父親那位友人是他十多年來最好的客戶。

他立刻打電話回他自己公司，取得那人的新電話號碼及地址，然後撥打那個號碼，再把電話話筒交給我。父親的友人非常興奮，一個小時內就來接我。接下來幾天，他待我如上賓。他也決定當我在日本的經紀人。後來我多次重返日本，留下許多難忘的記憶。

這種湊巧見到面的機率相當於中樂透。那個時機告訴我，這趟日本之旅是好事，此行也會有好結果。

於是「世界很小」這句話有了新的含意。只有在世界會變得很小時，它才會很小。如果我們沒有這一類世界很小的經驗，那麼我們就知道，我們做的事情不大對勁。或許我們應當放慢原始計畫的步伐，找出哪裡是否藏著障礙……

□

若出現了負面的前導事件，可能意味著較不好的事會發生。如果你仔細分析那樁前導事件，並辨識出是先前哪些一系列的事件導致它發生，以及它的結果如何，你就可以依循同樣的模式推知未來將會發生什麼事。你或許也能夠想出方法，避免負面的未來事件發生，或把衝擊降到最低。

即將發生的未來事件不會是完全相同的事件。如果你覺得昏沉，那麼那樁前導事件並不是說你會更加昏沉，卻可能是一種徵兆，意味著你將進入一種局勢，將會被奪走某種珍貴的東西。例如，若那巧合發生在你正打算開始投入某個新事業時，那或許意味著你必須暫緩，否則會賠錢。如果你已經在營業了，你的昏沉或許意味著你在工作時有所疏忽，使得某個接近你的人有機會欺騙你。

如果你正在談戀愛，而在與情人相處時遇上負面的巧合，那或許表示你們之間暗藏著問題。前導事件可能是在警告你，在和伴侶相處時可能有所疏失，而且將面對更嚴重的麻煩。那是在叫你立刻採取行動，找出可能造成問題的因素，並加以解決。如果你聽從這項警訊並深入探究，你就可以對於接下來可能會發生的事有所防備，事實上或許能夠解決那個問題，或者你會發現某件事實，例如出現了第三者，你別無選擇只好與那個伴侶分手。無論它引領了你做什麼，你採取的行動都會對你有利，因爲你的人生將是依據事實前進，而不是幻覺。

這種前導事件的含意對每一個人都不相同，必須費點心思才能推敲得知。你首先應該想的是，你當時的生活中有什麼重大事件，正在做什麼計畫，打算做什麼改變。巧合，與你的計畫有關。

如果你沒有新的計畫，也不打算做什麼新的事，則這項巧合的含意是，有一件重大的負面事件將會突如其來出現——或許與即將影響到你的自然界周期有關。找出你受到什麼周期的影響，並對它提高警覺，關於生命周期，請參閱《新生命密碼》。

如果你掉了東西，就得問：掉的是什麼東西？它對你的價值如何？你後來找到了

禍禍禍連三禍

有種迷信認爲，壞事會接連發生三件——用負面前導事件的概念來說，表示會先遇上兩件負面的前導巧合事件，然後才發生較嚴重的第三件。但是，從經驗來看，事實並非如此。會發生多少負面的前導事件很難以預料，有時候會一口氣遇上五、六件。最好一開始就聽從這些巧合所提出的警訊，儘快改變你的想法或計畫。若能這麼做，你或許會發現：正面的巧合出現了……這說明你回到正軌了。

嗎？掉了這東西之後，對你造成多大的困擾？你受到什麼周期的影響，這事件是否原本就會在這周期中出現？若不是，那就是在警告你，要三思而行，或許應該改變你的策略。

如果你發生了車禍，你應當問：這場車禍是怎麼發生的，由後面追撞，還是撞上前車？是你在操控車子，還是車子停著？你爲什麼會在車內？你的回答會提供象徵性的意義，可以運用於生活的其他層面中。例如，你在倒車時把車撞壞了，那可能意味著你不該退出某個計畫，卻應該繼續執行，或者改採不一樣的做法。車禍的細節可能會像個謎題，只有你能破解。

另一方面，若你在開車往前進時發生車禍，那是在告訴你要延期，或停止你當前的計畫，你的計畫所依據的資訊有誤失，你會遇上麻煩。當然，你在面對麻煩的過程中會學到很多，不過車禍這個巧合讓你有機會以比較輕鬆的方式運用智慧。如果你不知應該如何改變計畫，那表示你得用較困難的方式學習，而且你也必須經歷這個過程。這是無從迴避的情勢。如果你繼續前行，遇上了更多的負面巧合，那麼最好暫時擱下你的計畫，等待出現了正面的巧合再說。

負面巧合不應當被忽視，若忽視了它，你也許就跨越了那道無形的牆，陷入萬劫不復的危機中。

巧合實例：離婚與蜂螫

一位四十九歲的婦人來找我做咖啡占卜。她即將離婚，她先生想要儘快解決，不過她頗為憂心，希望我提供意見。我為她煮了杯咖啡。她端起杯子時，我注意到她戴著結婚戒指的手指是腫的。「你的手指怎麼了？」我問她。

她說：「幾天前我在打掃房子，一隻蜜蜂停在我戴戒指的這隻手指上，我沒留意，被牠螫了一口，好痛。」她的手指腫起來，而且由於她仍戴著婚戒，流到手指頭的血液因而被堵住了。她必須到醫院的急診室把戒指切除，否則就要截斷手指。

聽完，我就知道會占卜出什麼結果了。「妳有沒有想過，妳正打算離婚，蜜蜂就螫了妳戴結婚戒指的手指，這是有含意的？」我問她。

「我想過，不過我不確定它的意思是什麼。」她回答。

「妳是想來卜問該不該加快離婚手續。其實，蜜蜂已經回答妳了。」我說。

她喝完咖啡，她杯中的咖啡渣顯示，若她匆匆離婚，各種問題將會接踵而來。這個答案與她許多朋友所給的忠告類似。她先生催著辦妥手續，因為他知道，如果她找了律師，他就得付她更多的錢。他是為了別的女人而拋棄太太，這種事若鬧上法院將有損顏面。如果她知道該如何研判巧合，就不需要別人為她占卜未來，告訴她應該怎麼做，她只要聆聽蜂螯所傳達的訊息就可以了。她不應在沒有專業法律協助的情況下就離婚，否則將會苦不堪言，財務上也會有重大損失。她接納了我的忠告，努力爭取在協助她先生創業三十年後應獲得的回理報償……在這過程中她沒有遇上負面巧合。

巧合實例：不順利的約會

我與一報社記者約好，要前往他的辦公室為我的診所購買廣告。我準時上車，也依著地圖找地址。然而我找不到那地點。那個地址似乎並不存在。

那是第一個警訊，表示此行只會浪費時間。不過我很好奇，想要測試我的巧合理論，於是繼續上路。我決定前往那辦公室附近，再試著尋找。一直沒能找到，於是我決定走進一家餐廳，用店裡的電話簿查詢對方公司名稱與地址。我找到了，正打算撥那個電話號碼的時候，一個服務生打翻了一盤菜。那是另一個警訊，但我繼續進行，想看接下來會發生什麼事。我打電話到那公司，打聽出來應該怎麼前往，可是接電話的人告訴我，與我約好的那個人不在辦公室裡。這下可好，又是一則警訊。我很想知道接下來會發生什麼事。我前往那辦公室，與另一位業務員見面，坐下來，由他向我介紹廣告價格。

業務介紹到一半，他要我稍候，他有事待辦。我耐心等著，也回想剛才發生的警訊。半小時後，他帶著原先與我約好的那個業務員回來，接下來就由原來那位業務員接手。

又是一段業務介紹，與我先前聽到的內容大同小異。介紹完後，他又要求我稍候。

我等了大約四十五分鐘。警訊已經夠多了。我起身準備離去，那個業務員追上來，爲了耽擱許久而道歉。我沒有理他，逕自離去。後來，我的合夥人告訴我，根本不必如此大費周章。那家報社陷入財務危機，不久就宣告破產。

二、思考性巧合

你正在想著某件事，這時發生了一件巧合，它的含意與你正在想的事情有關，也透露出你的思緒所暗藏的資訊。那個巧合，是你的思緒能量與環境中的能量互動之後激發出來的，可能正面也可能負面。這些巧合透露出你的思緒是不是從眞實出發，有時候還能說出更多。

正面的思考性巧合告訴了你，你所想的是正確的，或者那件事的結果會比預期的還要好。如果你正在想著某個未來的計畫，而遇上了正面的巧合，那意味著你應繼續進行你的計畫，情況對你有利，即使你原先不認爲它會對你有利。

這種巧合或許還會傳達另一個信息：你想著的念頭是負面的，例如，你正在想著你的生意計畫可不可行，或是某人沒有注意到你但你很喜歡他，你想著這人可不可能成爲伴侶，這時忽然出現一個正面的巧合！這表示，你認爲不好的事，其實是好的；你不相信可行的，其實可以成功。

但是，假如你在思考某事時出現了負面巧合，那表示你的想法不正確。你可能是徹底錯誤，或局部錯誤，要視巧合的強度而定。那或許意味著你尚未看清楚全部的情況，而情況比你以爲的更複雜。若你遇上這類的巧合，最好把你正在思考的計畫停下來並提出問題：還不了解什麼嗎？有什麼隱藏的因素或障礙尚未列入考慮嗎？有何資訊或風險尚未發現嗎？或許你應當暫緩計畫，或再推行一陣子就停下來，等候進一步的資訊出現再說。

如果你有耐心而且做了功課，你就會發現爲什麼會發生那個巧合。思索巧合的含意有一個好處，那就是假如你停下來並調整思考，你會很訝異，巧合突然變成正面的。這是徵兆，表示你可以繼續前行，執行下一步。

若你認爲你已找出問題的癥結，已採取行動將之導上正軌，卻還是遇上了負面的巧合，則那意味著還有問題是你無法了解的。也或許你受到了星球或其他周期的影響，而你播種的時機尚未成熟，或者你的計畫未臻完善，需要再多花點心思。這類的負面巧合，多半是因爲我們自己的知識匱乏所造成的。它們是警告我們要停下計畫，靜觀其變，以找出眞相，以免鑄下大錯。

巧合實例：打不開的門

有一次我和一個朋友出外散步，他告訴我，能擁有一個深愛著他的女朋友眞好。說到這裡的時候，我們正好走到了我住處樓下設有保全密碼鎖的大門。我在電腦鎖上按了密碼，但門就是不開。我再按一次密碼，還是沒有動靜。我一試再試，卻都無效。我開始覺得惱火了。

我停下來，回想剛才抵達門口時正在談什麼：友人說起他與他女友多麼恩愛。這時我知道了，他說的這事不是眞的。這個門鎖故障的巧合，意味著他們的關係不如我朋友所說的那麼穩固。

我在心中琢磨著這個領會。過一會兒，我再按一次密碼——這時，門應聲而開。

幾天後，友人與女友分手了。

正負的轉換

巧合會從正面轉成負面，或者反過來從負轉正。若發生了壞事，我們聽了這警訊並改變想法或計畫，就會立刻遇上正面的巧合。譬如你正在與朋友討論一種情勢，這時你的手機突然故障，或者你覺得睏了——然後你靈光乍閃，認定你們正在談論的事情不對勁，你和朋友開始追究問題出在哪裡。這時你的手機突然響起，功能恢復正常，你的疲憊感也消失了……這個徵兆說明你回到了正軌。

當你的想法或計畫是正確的，你可以預期事情會順利圓滿；如果不正確，則你在推行計畫時會面對重重險阻艱難，表示你最好改變想法或計畫。

其他類型的巧合

至此已經討論了多數人所以爲的巧合或偶發事件。還有許多更微妙的巧合，鮮少有人知道。這包括了身體發生奇怪的感應。

中國人說，眼皮跳，是有重要的信息要傳達給你。他們說，對女性而言，右眼皮跳動是會出乎意料的吉星高照。若女性的左眼皮跳動，則會厄運臨頭。男性的情況則與女生左右相反。

依我自己的個人經驗，我發現這套說法準確得令人難以置信，而且這種運氣眞的是難以預料。不過我還沒有發現這方式可以正確預測正面或負面事件。眼皮跳動，意味著有事情會發生，你將面臨某種改變，但別想揣測會發生什麼事，那只會白費心思。如果猜得出來，你的眼皮就不會跳動了。在眼皮跳動後，你先判斷那是正面巧合或負面巧合，判斷你要不要把握時機。眼皮跳，可能是在預告將會邂逅一個新朋友、展開一段新戀情、收到一份禮物，或者得到一份新工作，等等；或是負面的例如會掉東西，或是搭飛機遇上亂流，遇上地震，等等。

有一次我準備渡假，但眼皮跳個不停。我立刻檢查我的護照、機票、皮夾，一切都放置妥當，因此我繼續上路。一路上，眼皮跳個不停。待我抵達目的地，我想取出我的金融卡，這才發現我把金融卡忘在家裡了。幸好同行的朋友身上帶了錢！這時我的眼皮才不再跳動。

幾小時後，我的眼皮又開始跳。我很納悶到底怎麼回事，後來在旅館裡才發現我忘了帶刮鬍刀。我的眼皮隨後便不再跳動，直到行程的最後一天又跳了。這次我徹底檢查所有物品，但眼皮還是拚命跳。我們必須搭火車到機場，我在車上睡著了。到站後我匆忙下車，在驗票口，驗票人員要求檢查我的票根。這時我的眼皮不再跳動，我必須跑好長一段路回到火車上，因爲我把票根扔掉

第一印象

如果直覺夠敏銳，你在認識別人之前所接收到的關於對方的資訊，可能是正確而直接的。首度與別人會面時，要留意你的感覺。如果你本來覺得很好，見面後覺得疲憊、不舒服、頭痛，你就該知道對方有事瞞著你，有些事情不對勁。

此外，對於你和對方會面時發生在周圍的事情要更加敏感。如果你在與對方第一次約會時車子拋錨，你就該放慢步伐，小心這段關係；你應當把計畫延後，花點時間找出問題，以免出事。

了，沒有票根就得重新買票！

希臘人相信，左手發癢，就是有偏財運或會收到好禮物。如果你應當付錢而左手發癢，那表示你的錢花得有代價。如果是右手發癢，則正好相反，你不久就得花錢消災，若你送禮，這筆錢花了也不見效益。

希臘人對於頭皮發癢也有一套詮釋，那意味著將會出現一種無法預料的局勢，但是可以藉著想法來解決。換句話說，只要你動腦就可以處理那種局勢。如果你的腳發癢，那意味著你將要踏上無法意料的旅程。

中國人說，如果耳朵發癢或刺痛，表示有人在背後談論你。這說法並不正確。耳朵癢或許意味著你的耳朵需要掏一掏——開玩笑的啦——或者意味著你不久就會聽到好消息。即使你發現你聽到的是令人不開心的消息，耳朵癢也可以讓你先知道無需擔心，因爲事情會漸入佳境。

如果是耳朵痛，其含意就正好相反。你不久就會聽到壞消息。如果你其實聽到了好消息，最好提高警覺，因爲那消息不確實。或者，乍聽是好消息，其實不然，你也許會受騙。

這類微妙的巧合最有趣也最重要的一點是，它們會突如其來透露出那些即將到來的情勢的內幕，像是在透露內情。如此你不致於被某種局勢的表相所矇蔽，你會更加謹慎，因爲你心裡有數。

吸引力的巧合

還有一種研判，牽涉到我們遇見了什麼樣的人或情勢。前面討論過，能量是有極性的，因此我們會吸引什麼人或事，並不是巧合，而與我們的頻率有關。如果我們遇到我們不喜歡的人，面對我們不喜歡的情勢，那可能意味著我們的能量不佳，需要改善。而改變的關鍵在於採取「健康三角」的原理。

這經常發生在單身人士身上。很多單身的人常抱怨說自己老是遇到不好的人選。這種巧合表示他們的能量就是會吸引到糟糕的貨色。想吸引到高尚人士，就得改變能量。必須回到「健康三角」，讓自己吃對食物、睡得好而充足、發揮才華、紓解情緒。

想法與感覺的巧合

如果你想做某件事，但不確定該不該做，或者無緣無故浮出奇怪的念頭，這些信息都很值得留意。通靈者便是用這種方法獲得資訊。突然出現了古怪念頭，你就該知道，周遭的人與事裡藏著不爲人知的細節。有時候你會出現譬如性幻想、起雞皮搭疙瘩、憤怒感、鮮明畫面和甚至鬼影，這時你要先確認，那些不是你自己的想法，並且知道這些資訊是與你身邊的人有關的資訊。這可以保護你，並讓你看出對方內心眞正的盤算。

巧合的多層含意

辨識了巧合的本質與時機之後，也要辨識巧合的類型，辨認它是屬於第一型、第二型、第三型、第四型或第五型。

這種分析在開發直覺力的初期並非易事，而且最好要參加研習課程，聽學員們討論他們的經驗，並逐步練習分析各類的巧合，或者由老師直接傳授。

巧合往往有多層的含意。一樁巧合事件，可以同時隸屬不同的類型。某一巧合甚至可能同時是第一型、第二型、第三型、第四型與第五型！

譬如，你一邊走路一邊想著一個朋友，這時不愼滑一跤受傷了。經過分析，若顯示那是第一型身心型巧合，那是表示你不喜歡那個人；如果那人情緒低落，而你接收了對方的負面能量，則是第二型；第三型則是告訴你，即將發生更嚴重的負面事件，你最好立刻改弦易轍；第四型則是因爲當天正逢能量極低的周期，對你和你的朋友都不是好日子；第五型則是因爲當地發生了某件事，例如有抗議事件，外出有風險。也可能是五種類型合而爲一。

有位年逾五十的婦人，生意老是做不好，四年來一直想改行，但不知該轉入哪一行。她還抱怨說她找不到好男人，對愛情不抱任何期望了。我建議她依照「健康三角」改變能量。首先必須找出她對什麼食物敏感，只吃能讓她強健的食品。其次她必須多運動。第三，她必須認清楚自己的天分何在，並判斷她的行業是否能讓她展現才華。她依照這三點而行，幾個月後生意就轉爲興隆，也與一個她很欣賞的男人展開了一段感情。

只要檢視巧合如何發生，在巧合之前及之後曾發生什麼事，就可以由巧合中汲取更多的含意。這些資訊有其象徵含意，可以視爲透露了人生局勢及未來問題的細節。下一章會再進一步探討。

事件的強度

巧合事件的強度，可以告訴我們即將發生的事情的重要程度是如何。遇上了強大的巧合時，無論它在本質上是屬於正面或負面的巧合，它都有一個含意：我們的計畫裡含有強大的能量，而它的成敗有很多種可能性。

第7章　上帝安排的巧合

「巧合，是上帝決定不署名的小奇蹟。」

——佚名作家

許多年前我主持了一個關於健康問題的廣播節目，有天接到一位女士來電。這位女士與先生失和，她自己的健康也一直不佳，心力交瘁。她的醫師表示愛莫能助，於是她去找人算命。算命師告訴她，假如她能懷孕，那個孩子會爲她帶來好運，問題也會迎刃而解。她採納了建議，但婚姻問題與健康每況愈下。她又去找算命師，還是得到同樣的答案，再生一個孩子會帶來好運並解決問題。生了第二個孩子，問題變得更嚴重，而她的肝甚至開始惡化，情況危急。

當你爲了解決問題而困惑，確實可以徵詢朋友的意見，或諮詢一個有專業背景的成熟人士，然而並不是次次都能在適當時機找到適當的人幫忙。當問題接踵而來，你也許會懷疑是否命中注定要遇上這些難題，擔心接下來還會有狀況，也會想知道何時才會時來運轉。很多人爲了尋找答案而求助於算命師、通靈者，或採用塔羅占卜之類的卜卦方式。那個打電話給我的婦人就是如此，但她發現這麼做很危險。

在開發直覺的過程中，你會接收到許多關於未來的資訊，於是你就成爲了自己的人生算命師；有時你甚至可以替別人算命。爲了避免危險，在找別人替你算命之前，就必須進一步認識「預測未來」這個主題。

自我實現的預言

心理學上有所謂的「自我實現的預言」(self fulfilling prophecy)，以研究顯示，假如告訴了某人將會發生某事，而他們信以爲眞，這時這個信息就會進入他們的潛意識，使得他們開始實踐那則預言，最後使它應驗。這表示，如果你去找命理師，你就把自己放在一個危險的處境裡了。如果你知道你將會拿到好成績，或者健康狀況會改善，這種自我實現的預言所形成的影響或許是好事，因爲你會在潛意識裡讓這些預言成眞。然而，假如算命師說你會遇上霉運、生病、離婚、生意失敗，甚至死亡，你就會受到自我實現的預言影響，而在不知不覺間爲你的人生招來不幸。濫用算命，眞的可能會造成重大的傷害。

前一章說到巧合可分爲五種類型，但大部分的算命法只採用了其中兩種當作訊息來源。譬如占星、生命密碼和手相，屬於第四種巧合（也稱爲「命運型巧合」）；至於塔羅牌、通靈、咖啡占卜或茶葉占卜等依據隨機事件或巧合來研判的算命法，屬於第三種巧合（也稱爲「直覺型巧合」）。「命運型」提供的是從自然界周期而來的人生作用力。這一型比較危險，因爲所算出的結果會讓人以爲一切已經注定，無可挽回，雖然這只是幻覺。而直覺型假如被濫用，也可能會導致同樣危險。

前面章節已經學到，以直覺或巧合爲基礎所提供的資訊好比人生道路上的路標，然而隨著我們轉彎和做出新的抉擇，路標也會隨之而變——往往是轉眼就變。你可以在遇上負面巧合之後，改變你對某個問題的想法，這時轉眼就出現了正面的巧合……無怪乎只有寥寥無幾的人能揣摩出巧合的含意，而大多數人只能滿頭霧水。

假如從事預言的人不了解這種原理，不知道直覺的信息瞬息萬變，必須視所問的內容而定，而不是最後的答案——那麼他們所做的預言會更加危險，極可能造成誤導，把問命者的潛意識引向負面的方向。算命師翻開一張含意負面的塔羅牌，說你的計畫會失敗，你的情人會欺騙你，你會死亡，而你無計可施——然後你或許就會使算命師的這些預言應驗。曾有一個台灣學生在翻出一張含意負面的塔羅牌後竟然自殺！這個案例我永遠無法忘記！

自我實現的預言，是眞的那麼有力量！想到坊間的冒牌通靈者到處招搖撞騙，即使他們確實具有直覺力，但沒有受過什麼教育，不知該如何善用自己這方面的天份，這眞令人不寒而慄！而算命或通靈並不需要政府核發執照就可執業。許多電話算命專線所雇用的是毫無通靈能力的人，只不過惡補了一個周末的塔羅牌課程就趕鴨子上架。先不說這些人會造成潛在的危害，那些打電話來尋求協助的人得花多少冤枉錢呢。

預測未來的諸般技巧一旦遭到了濫用，就淪爲迷信，變成詐財術。這也難怪有些國家（譬如中國）會把算命視爲非法行爲。然而這裡必須澄淸的是，開發直覺及運用直覺，並不是迷信，而是一種安全、科學又有益健康的行爲，有朝一日甚至可以提供能救人命的訊息。只要擁有正確的認識並妥善練習，你便可用你的直覺來創造健康美好的人生，而不會被自我實現的預言引向負面的路。

若想避免受到算命的負面影響，最好的方式就是開發你自己的直覺力，並學習如何自己詮釋巧合的含意。

製造巧合

前一章所學到的基本研判法，主要是針對自然發生的巧合，譬如不尋常的事件、意外、夢境等等。這些是直覺資訊的最精確來源。然而有時候我們不了解那些訊息的含意

如何挑選算命師

最理想的情形是，你信得過那位算命師的信譽，否則就不宜讓他替你算命。他們最好擁有大學以上學位，或者受過心理學與醫護方面的高等教育，如此他們不但知道如何回答你的問題，也能看出是否有其他問題影響著你。一般人面臨的問題，往往根源於過去的情緒問題未得紓解，譬如許多病態的恐懼症、憂鬱症和其他心理問題；生活中的問題也常常跟身體有關，例如對食物過敏，或者生病。

找人算命就像找醫生看病，你允許對方來幫助你或傷害你，因此，算命者假如受過較高的教育，你比較有機會獲得眞正的協助。

你應該把算命師視爲普通人，要觀察他們的人生展現了哪些成績？他們的直覺天賦對他們自己有何助益？他們是不是成功而健康？許多通靈者與算命師的身體都不健康，而且窮困潦倒。如果他們的天分對他們自己的幫助就只是如此，那麼他們能對你有什麼幫助？務必留意你與他們見面或在電話中交談時的感覺。

假設你去算命，以下幾條原則說明了算命應當如何進行：

一、算命者應當先對你解釋你的人生目標，並說明你應當學習哪些人生課題。生活中的大部分問題之所以出現，都是爲了帶領人接受某些人生功課。如果我們了解了自己的功課，問題就不難解決。

二、算命者應該協助你辨識你的人生模式或周期循環。(可採用占星術或生命密碼之類的命理系統。)

三、然後他們可採取以巧合爲基礎的卜算法，例如塔羅牌、夢境解析，協助你做決定，讓你走上可回到幸福與成功的正軌。這些方法可以測試你的新想法可不可行，並可判斷你從巧合中所接收到的資訊是否正確。

四、辨識是否有其他足以影響你的因素，包括飲食、運動、情緒紓解、正面思維等等身心因素。或者辨認你是不是該加強上述的哪些層面。

從以上各項來看，你會感嘆，擁有高明技巧而且心智成熟的算命師有如鳳毛麟角，可遇不可求。

——說得白一點，是不願意接受那些含意，尤其若是這巧合說我們的計畫會失敗，則我們更不願理會。有一個辦法可以再檢驗巧合所說出的資訊是否可信，甚至可以找出新的策略來解決問題。欲達此目的，我們可以自己「製造」巧合，而不只是靜待它們發生。我們可以運用直覺型方法，例如用塔羅牌占卜。此外還有許多簡易的方法。

直覺能提供大量的資訊，可以像個伴侶或朋友一般協助我們了解自己的人生裡發生了哪些事，並協助我們渡過難關。藉著直覺，答案就近在咫尺，一直都在你心中！你不需要找通靈者或算命師，你只需要提出問題並聆聽答案就可以。藉著選出了你要想的哪些問題，尤其是想著如何創造好生活的問題，便可以製造出巧合。當你提出問題，你的思惟能量就會自動與我們周圍的能量互動，也就會造成事件的發生。製造巧合的方法有無數種，以下介紹其中幾種。

一、看電視找巧合

有一個簡單方法可以製造巧合。你提出一個問題，譬如你自問：你的情人愛你有多深，然後你把電視打開，轉台。你在電視上看到的是隨機發生的事件，因此包含著與你正在想的事有關的資訊。這些資訊可以直接詮釋，你或許就會看到可以直接回答你心中問題的資訊；這些資訊也可能是帶著象徵含意，那些影像代表你生活中的人或事。

你或許正爲了心愛的人不接電話而擔心，並做了一次電視巧合測試，然後聽到電視中出現「給他們一點時間，他們需要休息」的對白，事後你發現，原來你的情人在睡覺，沒聽到電話聲。你也可能轉到播放怪獸電影的頻道，這個訊息所包含的象徵含意是，你與你的情人之間可能出了大問題。如果你不了解某個象徵含意，沒關係，就不斷轉台，直到你領悟爲止。

二、散步找巧合

更有趣的方式是，讓你自己置身於一個很容易發生隨機事件的環境中。我稱這方法爲「散步找巧合」。你可以待在室內，譬如走進百貨公司，也可以出門散步，走在街上或公園裡。這方法以戶外較佳，因爲你在戶外可挑選的巧合比較多，風向會變，會看到昆蟲或動物、與別人擦身而過、天上雲朵的形狀變幻無窮、溫度與天氣會轉變，事實上，一切都是瞬息萬變的。

一開始，你在心中先準備一個你想思考的問題，然後出門散步，想著你那個問題的所有細節。不要分心，專心想著問題，並對周遭事物保持敏感。你看到了什麼美好或醜陋的事物？聞到了哪些香味或臭味？覺得強壯或虛弱？聽到了任何聲響嗎？你喜歡那些聲音嗎？你是否無意間聽到了交談聲？若是，你能否把所聽到的字句與你正在思索的事

這份工作適合我嗎？

假設你正在考慮接下一份新工作，但不很確定這到底是不是個好機會，這時不妨嘗試這個散步式巧合測定法。

走到公園或其他公共場所，一邊走著，心中想著這份新的工作──這時，你要留意周圍發生了什麼事？你最先看到了什麼？如果突然跑出一隻狗追著你，或者你踩到狗糞，或看到有人在發脾氣，總之是負面的巧合，你就知道那份工作有點不對勁。如果你看到的是正面的事件，例如帥哥美女、可愛的小孩或寵物等等，那份工作就對你有好處！

你也可以採用另一種方式來測試。譬如你認爲這份工作不好，猶豫著自己該不該接受，不妨在散步時注意，當自己懷著對那份工作的負面想法時，會發生什麼事。如果你遇上了對你的負面思考而言是正面的徵兆，那表示你的想法是正確的，那份工作不好；然而，假如你的負面思想引來了負面的巧合，這表示那份工作比你想像的更好。

做個聯想？天上雲的形狀，讓你想起什麼東西了？（後文對研判雲朵有更詳細的介紹。）

一旦你遇上了一件巧合，無論它是正面或負面，都放任它在你身上起作用。若那是好的巧合，表示你的想法正確，可以繼續下一個問題，再看會出現什麼新的巧合。若那巧合是負面的，表示你那個計畫是錯的，或者你的假設是不正確的，你要改變你的計畫，放棄這些念頭，再看會出現什麼巧合；最好能想出新的解決之道，然後等著看有什麼巧合會跟著出現。

如果沒有出現巧合，就照你的原訂計畫進行，但試著想出更好的點子。這可能意味著你的計畫太龐大，不妨改採保守一點的態度，這時再看會產生何種巧合——假如什麼都沒有出現，就把它反過來想，也許你的計

散步式巧合的辨認法

以下做個簡化的說明：

巧合出現的信息，反映了你的思想：

- 如果你的正面思想是正確的，你會遇上正面巧合（正→正）。
- 如果你的正面思想是不正確的，你會遇上負面巧合（正→負）。
- 如果你的負面思想是正確的，你會遇上正面巧合（負→正）。
- 如果你的負面思想是不正確的，你會遇上負面巧合（負→負）。

畫格局必須大一些。

這道理和其他的巧合一樣，假如你的想法正確，你立刻就會體驗到正面的巧合。如果什麼都沒發生，那意味著你的想法太模糊，或者還只是天馬行空的想像，你的身體所創造的能量強度不足以製造出巧合。

三、室內就有巧合

如果你夠敏感，你甚至不用出門散步也能測試。無論你置身何處，只要放鬆心情，敏銳感應環境因爲你的思緒而產生的細微變化即可。

如果你不夠敏感，那麼你比較容易發現巧合的地點是公共場所，例如咖啡店或餐廳。置身這些場所，你就注意著周遭所發生的巧合，並留意這些巧合發生的時候你在談什麼或想什麼。杯子或盤子破碎、人聲聒噪吵雜、兒童哭鬧、突然靜默，都是有含意的。下回你需要人生方向時，就到鬧市最繁忙的店家吃頓巧合午餐或喝杯巧合咖啡吧！

四、在書裡找巧合

遇到了問題，特別是會令人痛不欲生的問題時，我們會需要靈性上的指引來幫助我們用另一個角度審視問題。對此，巧合研判法或許能提供幫助。

室內的巧合實例

某位小姐打算應徵行銷人員，她通過了初步面談，應邀到一家餐廳與幾位幹部碰面，討論她的構想。她懂得如何研判巧合，因此在面談的過程中她就在心裡問自己，這份工作適不適合她——就在她問這問題的那一瞬間，天花板上一條冷氣機的管線突然爆裂，水就濺在她面前的桌上，她慌忙離座。最後她沒被錄取，那個主管在應徵的最後階段決定不錄用她。

還有個更直接的實例。

我有位住在洛杉磯的友人正在考慮要到美國東岸讀大學。他忐忑不安，畢竟這將是他人生的一大轉彎，他難免會擔心這決定是否明智。有天晚上，他到一家俱樂部與一位小姐見面。他發現——眞巧，那女子認識他一個住在另一城市的童年玩伴，而他與那位玩伴已經多年沒有聯絡。

這位小姐不僅認識他的朋友，知道他的地址及電話號碼，還知道他現在就在東岸讀大學，所就讀的學校與我朋友打算就讀的大學近在咫尺。這個巧合意味著我這位友人去東岸讀大學是好的，不必擔心，他這個決定是對的。

首先要找一本富含智慧的書，最好是一本包含了完整的人生指引的書——這意思是說，這本書裡最好涵蓋了生活的所有層面——而且它是受到眾人敬重的書，是你推崇備至的書。譬如《聖經》、《可蘭經》和佛經等聖典就是很好的選擇。如果你身邊沒有任何宗教靈性的書籍，其實也可以用其他的任何書籍，但這書最好複雜一點，越複雜越好，厚重的小說巨構最佳。

接著，找個安靜的房間，獨自坐著，做幾次深呼吸。試著放鬆心情，想著你眼前的問題。這時你也許會想向上帝禱告，對祂說出你所面臨的問題。在思考或禱告時，開始要求指點迷津，帶領你認清問題的本質，並幫助你判斷應該怎麼做。同時，拿著那本你挑定的書，快速翻動這本書，要把每一頁都翻過。

然後，閉上眼睛，隨意把書翻到任一頁——必須是隨意翻到任一頁。然後，你看著那一頁，看著眼光所到的第一處，閱讀那個句子、段落，或那一整頁，看這些文字是否與你的情況相符。假如你懷著的問題有很簡單的是或否的答案，則這答案會立刻顯現。若你的問題很複雜，你或許得閱讀一整章才能看出其信息。

多多採用這個方法，讓你習慣把所讀的東西與你的問題連結在一起。你會驚訝於這方法的準確度。

五、身體內部的巧合

隨著你的敏感度增強，你也可以嘗試研判自己身體內的巧合，也就是你的身體與心理的變化。研究這類的巧合會讓直覺力大增，敏感度提高，你很快就會發現，你的通靈能力或第六感的功力大增，而你所知道的東西也比以前多很多。

你可以立刻就試。挑一個你想進一步認識的主題，思考一陣子，同時感受你的身體與心理有何反應。你覺得比較輕鬆還是比較緊繃？你覺得壓力變得沈重還是得到了紓解？你覺得快生病了嗎？你感受到了任何負面情緒嗎？你是否覺得受阻礙，彷彿有什麼在告訴你別再繼續下去？你是否覺得胸部的壓迫感好比被重物壓著？你覺得緊張或生氣嗎？你有罪惡感嗎？你覺得自己的決定做得太倉促嗎？請依照先前學到的技巧來詮釋你身心變化的含意。

如果你詢問了一個目前令你深感困擾的情況，你也應該考慮你的整體健康狀況。你是否感冒了？頭痛嗎？身體哪個部位發癢嗎？前一夜睡得可好？前兩三個晚上的夢境給了你什麼感覺？這些，都可以透露出你對於那個情況的真正感覺。任何負面的事件都意味著你走錯了方向，你的想法不正確，必須改變。

同時注意體內與體外的巧合

在檢驗自己身體內的巧合時，別忘了要同時留意你所置身的環境。附近有沒有響起奇怪或憤怒的聲音？你當天的消化狀況如何？有沒有放屁或消化不良？背景在播放什麼音樂？歌詞在談些什麼？聽到交談聲嗎？他們在談些什麼？由於你專注於觀察身體內的巧合，外部的巧合有時候會顯得出奇的強烈。

我的第一本書《生命密碼》就有個例子可以談。稿子寫完，我把電腦中的檔案存檔，送交給出版社。我整理著檔案，爲了終於完稿而感到快樂又興奮，急著想把磁片交給出版社。這時，我的電腦突然當機！我試圖重新開機，卻仍然無法存檔。我開始緊張，花了四個小時嘗試把檔案儲存在磁碟中。

當時是凌晨三點，我得把磁片交給我太太，讓她在幾個鐘頭後搭機前往台灣，把稿件交給出版社並簽妥出版合約。我沒有理會電腦出問題這個巧合，一大早就送我太太到機場。我把磁片交給她，然後彎腰提起手提箱。待我站直，頭就撞到上方的櫃子門板。痛得我跌坐在地上！這時我終於開始懷疑，宇宙到底想告訴我什麼？我望著我太太說，別把磁片交給出版社，應該再仔細斟酌合約。

她到達了台北，與該出版社約好要研議合約內容，並交出稿件磁片。赴約時，她與友人同搭計程車，兩人談起那家出版社，這時旁邊一輛車發生了車禍！她當下決定不要交出磁片，只接下修改過的合約。

幾天後，一家大型出版社向我們表示有意出版該書，而且條件更爲優渥。我接受了。幾個月後我們得知，原先那家出版社竟然破產了！我若把稿件交給他們，我的書若不是從此無法見天日，就是不知要多久以後才能出版！

□

有一回我應邀到一家咖啡店與對方研究一個新行業的可能性。與我會面的人開始解釋，聽起來似乎充滿潛力。我滿喜歡這個機會，於是我說我有興趣，也感謝他們與我分享這個機會，然後我開始解釋我會如何進行，我想以何種方式參與。這時，一個服務生突然打翻了整盤的菜與杯子，聲響大得我們都聽不到彼此的聲音。對方說這很不尋常，他們原本是因爲這家店非常安靜才選擇在此談事情。可想而知，此事後來不了了之。

□

有位女士想買新房子。她到了某個地點，已經先行到達並參觀過的她先生和友人，表示很中意。這位女士也喜歡，並開始估算價錢。然而她從一進房子就開始猛打噴嚏。她沒理會，開始出價，最後成交了。她付了一大筆訂金，開始辦理過戶事宜。不久，她發現屋子的產權不清，原來的屋主已把房子向銀行抵押貸款，卻未對她提起，使得這筆交易無效。她試圖終止這項交易，但屋主拒絕歸還訂金，逼得她不得不採取法律行動。她眞該聽從自己的噴嚏警訊。她一定是對那筆交易過敏！

□

有位加拿大女士在離婚後取得一筆贍養費，她想找個理財顧問。朋友向她引薦了一個人選，她也安排好日期要與對方見面。她一走入對方的辦公室就開始頭痛，談話過程中還是頭痛不止，直到她回家才不痛。她每次到那家公司都會發生這種情形。她做了一次咖啡占卜，想卜問那筆交易，卜問結果是個警訊。她選擇聽從警訊，取消了投資。這是明智的決定，因爲那家投顧公司不久就破產了。

□

我在希臘的診所工作時，有人表示願意給我一大筆錢讓我成立一所健康中心。我對此相當興奮，幾天後我在診所內與一位友人談到這個構想。當時窗戶敞開，我在一樓，民眾在我們診所外走動，我們可以聽到他們說著希臘語。

我以英文先向朋友說：「有人要出錢讓我開設一家大型健康中心！」我還沒繼續說話，街上就傳出了一陣大吼聲「狗屎」，怪的是那是用英文喊出來的。我停下來，笑了笑，然後回答：「宇宙開口了，健康中心就算了吧。」那句髒話倒眞是說準了，因爲此事後來就沒下文了。

六、塔羅牌的基本占卜法

完整的塔羅牌共有七十八張牌，每一張牌各有含意。塔羅牌的緣起據說上溯古埃及時代，彼時書籍的外觀與今日不同，若不是捲軸型，就是刻在黏土製的石板上、骨頭上或皮革上。

而後，從猶太神祕哲學的「生命樹」概念出發，創造出了塔羅牌。一開始是設計成一本書，每一張牌都是一頁。全書以圖畫組成，所以每一種語言的民族都能閱讀。書中蘊含了包羅萬象的哲思，提供各式有助人生各層面的智慧，作用類似《聖經》之類的聖典。

占卜時，要先洗牌，這時要專心想著你的問題，然後抽出一張以上的牌。每一張牌的含意都會對你的問題提供答案。(也可運用《聖經》或其他的聖典作爲底本。)

以塔羅牌占卜時，讓你的眼光不經意留在牌面上的任何地方。有時，你抽出的是有正面含意的牌，不過你的眼光先停留在牌上具負面意義的地方；這就告訴你，那張牌的正面本質得打一點折扣。情況不像你以爲的那麼好。同理，假如你抽出的是負面的牌，而你的眼光先停留在那張牌的正面細節上，表示儘管結果不如人意，但也不像你想的那麼糟。可能會因禍得福，所以你應該稍安勿躁。

七、用想像力製造巧合

還有一種有趣的方法可以創造巧合，那就是運用想像力。我們的想像力受到潛意識影響，所以心理學家在想要進入並理解一種心理狀態時也會採用類似的方法。他們以紙板或畫片向病患展示許多奇怪的圖案，並詢問病患覺得那些圖案看起來像什麼，讓他們聯想到什麼。這稱爲「Ink Block」測試法，或「羅沙氏測驗」(Rorschach)。心理學家記錄下病患對每一張圖片的反應，然後分析答案。

我們可以運用同樣的方法看著任何隨機的圖案，同時提出一個問題。任何素材都能使用，可以看雲形、積在杯底的咖啡渣或茶葉，甚至可以看味噌湯的碗底出現的圖案。在想著問題時，我們的想像力會讓我們看到影像。這些影像可能很抽象，也可能清晰得令人震驚；它們可以引導出更好的問題，甚至提供明確的答案。

這套技巧的好處是，我們可以隨時取得訊息，不需要發生意外也能得到與巧合有關的信息。你可以採用環境中的任何事物來製造巧合。例如，你在醫師的候診室等得很無聊，心中想著你的股票當天在股市的表現不知如何。你看著天花板，發現了隨機形成的斑紋。你想著股票的事，腦中把那些斑點加以聯想，結果就會顯現出一種影像。

假如影像清晰可辨，答案就很清楚：例如在卜問某人是否愛你時，看到一對情侶熱吻，那麼你就知道你問題的答案。

然而，多數時候答案顯得隱約難辨，主要癥結在於你提出的問題。如果你的問題很難簡單回答，非常複雜，則顯現的影像就會較爲模糊。就以詢問某人是否愛你爲例，如果你看到的是房子形狀而不是情侶熱吻，那可能意味著家裡有很多人愛你，而你得等到安定下來後才能找到眞愛，或是在買房子之後愛情才會登門，或者與房子這種圖形、房子的含意、房子這個字眼有關的其他可能性。如果你正打算前往一家店名裡有「屋」字的餐廳，那幅影像可能是在說，你會在該處找到新歡！

得到了隱約難辨的答案時，必須重新思考你的問題，因爲問題裡面有不正確的地方，但你以爲理所當然。例如「我何時會變

注意提問的方式

若想從一幅影像中得到更多幫助，首先必須檢視你所提出來的問題。你必須想一想，你所提的問題是不是隱藏了什麼假設前提，或者是不是問得不夠直接，它有沒有基於事實？

你也需要進一步認識具有象徵符號的含意。這一點在夢境那一章已約略提及，參見第 49 頁起的說明。

有錢?」這個問題,它預先假設了「我會致富」,但如果你問「我何時會變有錢」卻得到一個否定的答案,這意思是說依你目前的規畫,你不會致富囉?你所獲得的答案顯然表示你必須改變原有計畫才能致富。假如你無法理解你所看到的影像有哪些可能的深度,你就無法了解其中玄機。

咖啡占卜法

在運用創造力來製造巧合的方法中,有一種叫做「咖啡占卜」,其方法如下:使用傳統式的希臘咖啡沖泡法,把咖啡粉像煮湯那樣煮過,於是咖啡渣會連同咖啡一起倒入杯中。喝完咖啡後,咖啡渣就留在杯子的底部和側邊或杯緣,隨機形成圖案。這些圖案的象徵含意可以加以詮釋,也能用來解答幾乎所有的問題。這套占卜系統與咖啡問世的歷史同樣悠久,文獻顯示,在人類發明過濾式咖啡沖泡法之前,咖啡占卜盛行於歐洲各地。

茶葉占卜也是同樣的道理。然而茶的占卜與咖啡占卜在大部分的咖啡店都很難施行,如今咖啡都是過濾式的喝法,而茶則都裝在茶包內。

不使用傳統咖啡而還想做咖啡占卜,有一個變通辦法,就是採用濃咖啡加奶精。心中想著你的問題,然後把奶精倒入咖啡中,觀察有無圖案顯現。如果你看不出明顯的圖

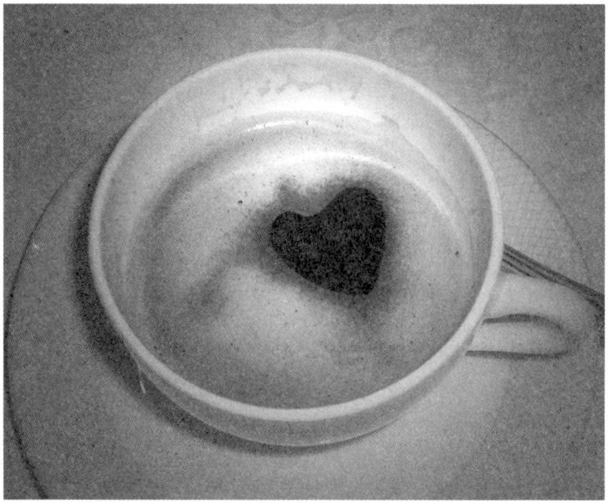

用奶精在咖啡上
所形成的圖案也
可以占卜。

案，就略加攪拌，默想著你的問題，耐心等候。奶精經攪拌會成漩渦狀，最後形成一幅圖案。

口紅占卜法

我從小就接觸咖啡占卜，那是希臘人喝完咖啡必做的事。我後來在北美與亞洲也曾從事幾年的專業咖啡占卜；問題是，我總得隨身攜帶一套爐具與鍋子來煮咖啡，因爲這套用具除了希臘（以及土耳其其等中東國家）之外，無處可找。

有一天我接受一家雜誌的採訪，由於事先不知道記者想占卜，因此沒有帶咖啡。我知道咖啡占卜只不過是利用巧合來做研判，於是向那幾位記者解釋這種觀念，並要求她們擦上口紅，然後吻一張白紙。我看到那隨機的圖案覺得很驚訝，因爲我看到了好多影像——也許比咖啡占卜的圖案少一些，但要回答幾位記者的問題已經綽綽有餘！

一種新的創造巧合的直覺法就此問世：口紅占卜法。

後來我用這套技巧替數百人占卜，精確無比，而且方便異常。若是男性，我要求他們把口紅抹在大拇指，然後隨意蓋個手印。只要他們的問題很明確，這個手印所提供的資訊就足夠得到一個明確的答案。

口紅占卜法所見到的影像，有的是令人訝異的圖案，有的甚至清晰可辨。有一次我請占卜者在唇上塗上口紅，然後專注心思，想著他們想問的問題，同時把口紅印在一張平滑的紙上。所使用的紙在表面最好不要有縐褶，因此衛生紙或紋路明顯的美術紙就不適合。得到口紅印之後，占者根據在口紅印上看到的圖案，說出占卜的結果。

(以下範例經過掃描與印刷，失去了很多細節。但當你實際進行，你會看到細節。)

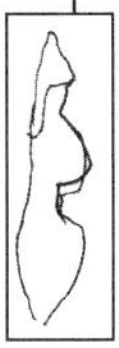

這一組的三個口紅印都出自同一位小姐，她想詢問自己能不能在兩個月後減肥成功。有意思的是，她連印了三個口紅，但這三個印子竟然都顯示出同一個圖案：一個側面的女性體型，身形豐腴，下腹部尤其渾圓。可想而知，這位小姐想減肥的心願不會在兩個月後實現。

口紅印即使印得不完整，也能顯示答案。

有位小姐想知道她可以不可以與一個對她示好的男士約會。從她的口紅印中，可看到一個獅子圖案，顯示這男士看起來條件不錯，但脾氣並不溫和；另外還看到一張猴子臉，說明對方的心思並不單純，恐怕心中有不少盤算。(左圖就是那位小姐的口紅印，不過印在書上之後不容易看出圖案的細節。)整體來說，這位小姐應該多多觀察對方，不必馬上展開戀情。

這位小姐聽完，點頭表示這占卜確實說中了她心中的顧慮，並表示她會接受這些提醒，再觀察對方一陣子才做決定。

應邀向一群人示範口紅占卜法。我使用相機把那些口紅影像投影在牆壁大小的螢幕上，讓所有人都能與我同樣看到那些影像。我展示了這群人裡一位小姐的口紅印，她想問她能不能很快就找到新工作。那幅影像顯示了一個清晰的女子側影，有一個獨特的鼻子與臉型。我指向那幅影像，那位小姐一眼就認出那是她自己。她站起來讓所有人看……太驚人了，口紅印完全是她本人側影的翻版。這顯示了她目前鬱鬱不得志，即將面臨改變。而她確實在一個月後找到了更好的工作。

水晶球占卜法

談到了巫術與吉普賽人的幻想故事，似乎總要提到水晶球。這是有原因的。除了水晶具有能量之外，如果你把一個水晶球捧在手中，尤其是一個不清澈但有色澤及圖案的水晶，你就會了解水晶球占卜法是怎麼回事。轉動那顆球，球面會產生各種隨機的圖案。

水晶球占卜很容易進行，這是一種以想像力或創意為基礎的巧合製造法。你提出一個問題，然後轉動水晶球，直到你的想像力在水晶球上創造出了一個可以辨識的圖案。這種詮釋，依據的是你對於象徵符號的知識，以及你看到的那些影像對於你個人的含意。

水晶球占卜法與咖啡占卜或口紅占卜的做法完全一樣，這做法的好處是什麼道具都不必準備，只要在口袋裡放一顆水晶球，每當你想找出問題的答案時就拿出來看。隨著球的位置轉動和你身旁的光線變化，就會創造出形形色色的圖案。不過，若在公共場所做水晶球占卜恐怕會招來異樣的眼光！

這其實是一種側向思考。創意大師德波諾（Edward de Bono）把側向思考當作解決問題的方式。他的做法是，在對一個問題做腦力激盪時，同一團隊的人可以不斷提出構想、不斷說話，然後設法以創意把這些聯想與問題連結在一起，從中找出不可能藉由邏輯找到的解決方案。這種思考方式也正是在鍛鍊直覺力。

雲形占卜法

一旦你熟悉了象徵符號的含意，就可以不再使用咖啡占卜或口紅占卜或其他需要大費周章的方式，而只需要藉著辨認影像就能做到。你提出一個問題，然後抬頭。如果你在室內，就望著天花板、牆壁、窗簾上的重複花紋；若你在戶外，就抬頭看雲。只要你能任你的想像力馳騁，再把你所看到的與你對於象徵符號的理解結合起來，就能得到答案。有人期待陽光普照萬里無雲的日子，然而假如你懷著問題想找答案，你會因爲雲層濃密而覺得開心！

我有一個學員在學習雲形占卜法時拍下一幀照片。那時她正面臨婚姻問題，與先生分居，把孩子的監護權交給孩子的父親。她想知道兩人能否破鏡重圓。她提出這個問題

側向思考

經常觀察圖案，就會在圖案中看到影像。這可以協助你用直覺力來回答問題，也能發展出「側向思考」(lateral thinking)。我們的思考模式通常是線性思考(linear thinking)， A ＋ B ＝ C 。覺得餓了，表示應該吃東西了。但是在側向思考裡， A ＋ B 所得的答案有無限多種！你覺得餓了，也吃過了，但仍然覺得餓，這是因爲你的飢餓感來自於你身邊的人的能量，或者其他未知的因素。

邏輯式的思考有其明顯的限制。邏輯思考是從前提出發，假如前提錯誤，就會導致錯誤的結論。想一想律師的功能，他們的職責是把案件呈現在法官面前，指出證據裡的各種弱點，對被告提出指控。若律師表現良好，他的當事人甚至可獲得不起訴處分。

側向思考則如天馬行空，因爲它不是以邏輯爲基礎。每一件事都與其他事有關連，任何影像、圖案、徵兆、話語，都可以與你的問題聯想在一起，當作靈感或解決問題的工具。運用想像力與創意來製造巧合，是絕佳的側向思考工具，可以有效運用在任何需要解決問題的情況中。而側向思考也不過就是取得直覺的資訊！

後就抬頭看，她看到一個男性身影站起身來，正要走出巢狀的建築，手牽著一個小孩，把另一個身影拋在身後。隨後幾個月，情況愈演愈烈，只差簽署離婚協議書了。事情就如雲形影像的翻版，那個男性尚未完全離開，但已差不多離巢了！

八、用畫圖來製造巧合

最令人震撼的巧合製造法是繪圖。請取出你的繪圖用具，水彩、油畫、粉臘筆、海綿、墨水等不拘，任何繪圖方式都可以。依照以下步驟進行：

一、**默想你的問題**。你可以寫下那個問題，或只是在心中想著它。

二、**想像你所處的情況**。你會用什麼顏色來描繪？它像什麼形狀？所包括的元素有多大？在腦中浮現的圖是何種形狀？用這些問題來思索你的處境。那幅圖看起來不必像任何東西，不過若你想讓它像某圖案也無妨。

三、**把這幅影像畫出來**。爲求獲得最佳的巧合占卜結果，設法在幾分鐘裡畫出來，或是在你對那個問題的注意力消失前完成。

四、**畫完，把你的畫翻轉，或上下顚倒過來，看一看它像什麼**。有沒有出現任何你料想不到的影像？任你的想像力遨翔，遲早會有影像浮現。這就是你的答案。再根據咖啡占卜與口紅占卜的研判原理來分析它的含意。

我有位藝術家朋友試過這種方式。她想著她的人生，然後把注意力放在她的狗身上。她畫下那隻狗，當她把畫作上下倒置，她差點昏倒，那圖像竟是她已故父親的模樣！父親的過世是她最痛苦的時刻，顯然她那隻狗象徵了父親對她的愛。有人認爲，那隻狗是她父親投胎轉世的。誰知道呢！

人生路，應該如何走

「無爲自化。」

——老子

古希臘人相信，確實有能力預測未來。他們的占卜聖地，位於希臘中部山區的德爾菲（Delphi）。希臘人認爲德爾菲是地球的中心，世界的肚臍，此地可以透露生命的祕密。位於德爾菲的阿波羅神殿，香火鼎盛，信徒必須排隊幾個月才有機會卜問求得答案。這使得德爾菲很快就從一座小神廟發展成大城市，幾千年來相傳，誰能控制德爾菲，誰就能掌控世界！

德爾菲神廟採用的占卜法是一套思想式巧合系統。女性的大祭司（稱爲Pythia）坐在冒煙的樹葉上，那會令她進入恍惚的境地。其他女祭司則大聲唸出求問者的問題，然後那位女性大祭司開始喃喃唸出隨機浮現的字或句。她身旁的女祭司把這些字句全部記下來，並把它們譜成類似謎語的詩讖，讓卜問者自行推敲其中含意。

據載，德爾菲曾出現多次靈驗的記錄，在公元前四八二年那一次尤其神準，彼時波斯王薛西斯（Xerxes）率領大軍征服了希臘北部，正揮軍逼近雅典。雅典人心急如焚，擔心波斯大軍來勢洶洶，他們只能以寡敵衆。這時，希臘大將辛摩斯提克（Themesticles）派了個信差前往德爾菲卜問神諭。

所求得的答案大致如下：「高瞻遠矚的宙斯天神允諾雅典人，唯有木牆可維持堅固，並將嘉惠你與子孫……神聖的薩拉米斯，你將於穀粒四散或收成時，摧毀婦人的孩子。」

這則讖文所提到的木牆到底是什麼，引發爭議，因爲雅典並無任何木牆。辛摩斯提克認定，那指的是木造的船，因爲詩中提到薩拉米斯是凱旋地點。（薩拉米斯是一小島，位於雅典外海，家父正巧是來自該島的人。）

此事的結局可見於歷史記載，辛摩斯提克把雅典的資源全用來搭造戰艦。波斯大軍繼續挺進，在馬拉松（Marathon）一役擊潰了雅典守軍——奧林匹克運動會的馬拉松賽由此得名——直入雅典都城，只要在薩拉米斯這場海戰中再得勝，就全面攻克希臘。雅典人幸好得到了德爾菲神殿的忠告，在薩拉米斯擊潰了波斯大軍。這一場戰役大挫波斯大軍，使得希臘反敗爲勝，把波斯人逐出希臘……

類似的巧合事蹟，幾乎在全世界所有國家都出現過，它們扭轉了人類歷史的軌跡。

現在，我們也有機會尋回我們曾經擁有但失去已久的能力。藉由研判巧合的含意來開發直覺力，可以讓一個國家像過去那樣展現令人驚訝稱奇的事，也對個人人生有助益。

開發直覺不是難事，因爲直覺是一種自然現象；既然所有自然事物都會成長，所以你只要開始培養直覺力，它就會自行茁壯。多花心思去學習、學著對直覺敏感並加以利用，你可以漸漸深入。而這是一條不歸路。一旦你能看到，就再也無法把眼睛閉上。

人生最大的挑戰

在研判巧合的含意並遵循直覺過日子的過程中，你必須面對一項挑戰。這項挑戰——如果你也是芸芸衆生之一——可能是人生裡最大的挑戰。通常，我們在生活中做決定的時候，依據的是自己已經知道的東西、別人告訴我們的東西，以及我們認爲自己想要的東西，而這些又都來自於我們的需求、慾望、教育和文化或宗教背景。然而，假如我們遇上了一件巧合事件對我們說：你原先以爲是對的事物，其實是錯的；這時你怎麼辦？你的邏輯與信念驟然受到了挑戰。如果你接受了這個巧合所含的訊息，並改變你原來的計畫，你會覺得很奇怪，甚至會惶恐，並且覺得自己「瘋了」。

這時你就必須做出抉擇，選擇是要相信你自己的邏輯，還是相信宇宙傳給你的訊息。如果接受了宇宙的忠告，那不就是放棄了選擇的自由，受到了某種無形的力量控制嗎？

一開始你會討厭這種感覺，除非你想到了我們先前談到的那道「無形的幕」，並加以思索。

「使自己的智慧盡可能像神的人，最能榮耀神。」

——畢達哥拉斯

我們確實在人生裡擁有相當程度的自由，但我們也明白，對有些事我們是無能爲力的。生命遵循著一條道路，我們只能對那條道路做出某種程度的影響。

研判了巧合之後接收其中資訊，可以讓我們與人生道路連上線——在開始運用了來自直覺的訊息之後，就會有此體驗，而且這通常會是你在人生中第一次有這種感覺。譬如你出於直覺而改變了先前的決定，結果你修改後的計畫很快就成功了，於是你發現，假如沒有依照直覺行事，你就會失敗或甚是死亡。獲得了這類的確認，當然會讓人覺得興奮，但也讓人膽顫心驚。那感覺難以言喻……有點像直接面對上帝！你會開始得到明證，知道自己的命運如何，知道了自己這一生能做哪些事不能做哪些事、做哪些會成功做哪些會失敗，以及哪些目標會爲你帶來幸福或是悲劇——若要承受這種令人驚惶失措幾欲發瘋的感覺，你必須很勇敢。這種感受絕非日常經驗所能比擬，你不曾學到，因爲它是全新的思考及生活方式。

當你接受了自己的限制，並依此改變你的目標與計畫，你的直覺力就變強了。隨著你逐漸相信直覺，也越能運用直覺，你不僅可以讓身體更健康、人際關係更融洽、事業更成功，同時也更有能力處理那些迎面襲來令你驚慌失措的事件，也就是前面提到的「上帝因素巧合」。且用以下故事來闡明這一點。

古時候在中國的一個小村落裡，住著一個貧窮的農夫，他有一匹馬。有天晚上那匹馬不見了。村民們聚集在農夫家，說：「眞爲你難過，你好倒霉。没了馬，你怎麼下田工作，養活家人？」

農夫默默聽著，然後說：「我不知道發生這種事到底是禍是福，我只知道我的馬不見了，如今我必須全心照顧我的家人。就這樣。或許會轉禍爲福。」

那匹馬不是被人偷牽走，而是撞開籬笆逃到了杳無人煙的山區。牠遇到幾匹野馬，幾天後把幾匹野馬一起帶去找那個農夫。

村民聽到消息，紛紛前往農夫家中向他道賀。「你說的一點没錯，」他們說：「弄丟了馬不是壞事，看看你運氣多好，這下子你發財了。」

農夫坐著聽，但不表贊同。他說：「我不知道發生這種事到底是福是禍，我只知道如今我擁有十匹馬。這說不定不像表面看來那麼好。」

幾天後，農夫的獨生兒子想馴服那幾匹野馬，卻摔下馬，跌斷了腿，有喪命之虞。

消息在村中傳開，村民又聚在農夫家裡，說：「你又說對了，那些馬沒帶給你好運，卻替你帶來了厄運。這下子你沒有了兒子幫忙，怎麼耕作呀？」

農夫平靜地回答：「我不知道我兒子受傷到底是禍是福，我只知道他的腿斷了，我得想別的法子來把事兒做完。這也許會因禍得福。」

不久，爆發戰爭。村內所有壯丁都被徵調去前線打仗。只留下那個農夫的兒子，因爲他不良於行。戰事造成慘重的死傷，村裡所有壯丁悉數捐軀沙場。而這時農夫那兒子的腿傷逐漸痊癒。

這回，村民不再來到農夫家裡。他們待在自己家，爲了痛失愛子而悲慟——再說，他們也能預料農夫會怎麼說。

這則故事給了一個很重要的教訓。人生峰迴路轉，充滿了起伏轉折。今天認爲是福的，後來證實卻是禍，或者反過來，今天以爲是壞事的，明日竟變成好事。我們的直覺，可充當人生的一扇窗，讓我們窺見生命中無形的影響力，甚至可以得知一點未來，不過我們永遠無從知道命運最後會爲我們做出何種決定，以及人生的最後結局是什麼。

追求靈性，保持清醒

開發直覺和探索巧合的含意，可以讓我們窺見人生的起伏轉折。我們會開始用新的觀點看待這些起伏轉折，把它們視爲機會的入口，或是潛在危險的警訊。然而，發生了個人悲劇時，我們必須保持冷靜，讓頭腦清醒，懂得運用直覺所提供的訊息。在情況危急時，我們維持清醒，對變化保持敏感，將可決定我們與家人伴侶能不能逃過一劫。

在武術訓練中，武師會訓誡學生：最沉著的人才能在格鬥中獲勝。若不能清晰思考，將看不出巧合裡的含意，提出了哪些趨吉避凶的指示。情緒越激動的人，越盲目，陷自己於險境之中；這就無法運用自己的直覺，並與足以救命的資訊來源隔絕。

「即使你走在正確的道路上，若你坐著不動，還是會被輾過。」

——哀瑞・富林特（Errol Flint）

那麼，面臨緊急狀況時應該如何放鬆心情，保持清醒？我們不可能沒有情緒，然而可以試著不要悲傷、恐懼、憤怒，也不要因爲愛情而盲目。我們要藉著正確的人生觀來學習處理情緒。而這就要發展心靈成熟度——有人用「靈性商數」(SQ,spiritual quotient)一詞來稱呼。

靈性，會爲我們帶來新的人生觀，帶來祥和、平靜、自信與成熟，讓我們踏實過生活。假如我們的靈性智商不夠高，我們接收到的直覺資訊就只會是讓人嘖嘖稱奇的偶然，成爲茶餘飯後的趣譚，因爲我們還不懂得如何冷靜運用直覺。我們因而沉溺於自己的想像與激情中，與現實脫節。說到底，本書介紹的每一重點都是由此基本觀念出發：**美好人生不是光靠培養直覺就能達到，直覺只是通往靈性的大門，而靈性才是美好人生的眞正關鍵。**

本書無法深入探討如何結合直覺來發展靈性，以下只能簡單介紹幾項與靈性養成有關的指引。

靈性也可以說是一種能用更大格局來看人生的能力。因此，宗教都有提升靈性的作用。藉由提升靈性來獲得幸福與成功，這個論點並不會與任何宗教的教誨起衝突。不管你選擇要走什麼人生道路，都需要關注幾個基本的靈性概念：接受、信心、抽離、空無、同理心，以及行動。

「好人不一定快樂，但快樂的人必然是好人。」

——畢達哥拉斯

接受

為了運用直覺，感受到自己與宇宙間的關連，並看見自己的命運，首先要做到一點：接受。相信你所接收到的訊息是確有其事的，完全接納它們；若你能接受，將更能體認到你的人生確實是走在某條特定的路上，你與萬物都有關連，你不可能想著某件事或做著某件事而不會影響到宇宙萬物。你必須接受一件事：**對你來說最好的人生，不是你自認為最好的人生，而是宇宙認為最好並透過巧合事件向你揭露的那個人生**。

想要從宇宙接收到資訊，你首先必須相信它的準確度，真心相信那些訊息是對你有益的。這種信心不容易做到，你很難克服原來的自己；這是信心的一大跳躍。然而，這是你運用直覺力所需做的最後步驟了，它集合了本書所討論的全部內容。

許多人做不到這一步，至少無法立刻做到。他們需要得到證明，顯示宇宙真的會引領他們得到更美好的人生，尤其他們在圓夢的過程中遇上了負面巧合時，譬如他們一心想與某人結婚，或者滿腦子發財夢，或渴望進入某個領域，突然間，宇宙干預了，要他們走另一條路，讓他們愛上的那個人不是他們的真命天子或白雪公主，讓他們事業失敗，要他們去掌握那些看來沒什麼發展的機會，等等。你必須非常相信宇宙比你懂得多，才有辦法遵從它的指示，改變計畫！

信心的建立沒有捷徑，也不是坦途，你必須自己證明你自己的直覺。

信心

電影《聖戰奇兵》（Indiana Jones and the Last Crusade）中有一幕很精彩，哈里遜・福特（Harrison Ford）所飾演的主角瓊斯教授必須歷經重重考驗才能取得聖杯，營救他父親（由史恩・康納萊主演）的性命。最後一場試煉最爲艱難，他與那個置放了聖杯的門之間，隔著一道懸崖。這考驗稱爲「信心的一步」（the step of faith）。瓊斯認爲那個懸崖必定是幻覺，於是閉上眼睛，跨了出去。他很幸運，落地時踩在堅實的地面，發現先前果然是被自己的眼睛愚弄了。爲了接受直覺所帶來的資訊，我們也必須跨出類似的「信心的一步」，對於那些依據邏輯是無法相信的資訊抱持信心。

> 「對一個有信心的人來說，解釋是多此一舉。對一個沒有信心的人而言，解釋則是徒費脣舌。」——阿奎那（Saint Thomas Aquinas）

建立信心必須循序漸進。隨著你運用及發展你的直覺，自然會萌生信心。你開始留意自己所做的夢，並遵從你所接收到的資訊，你就會開始相信：夢是你的潛意識，甚至是與未來有關的資訊的正確來源。這可以建立你的信心。你用卜杖求問法改變了生活模式及飲食，然後發現你的老毛病不藥而癒，身體逐漸健康，這時你就會信賴卜杖求問法的準確性。這也爲你建立了信心。你開始學著研判巧合的含意，開始體會到你的人生道路、發現了你所受到的限制和你應當遵循的方向，這時你會產生恐懼。一旦你證實了巧合所傳達的資訊是如此正確，你便不再懷疑，接受了你的命運，也克服了恐懼。你這就獲得了完全的信心。

爲了克服恐懼，有人認爲，上帝透過他們的直覺向他們傳達信息。當你認爲上帝在直接與你溝通，這可以產生強大的力量！但有人擔心，那信息並不來自上帝，卻是魔鬼。

本書無意探究上帝或魔鬼的觀念；然而，耐人尋味的是，依據目前的知識來看，我們與宇宙的相互連結是依據能量在進行，我們身體所產生的能量，與宇宙萬物互動。照科學界的說法，宇宙只不過是能量。

假如這股能量是上帝，它連結了萬物，它組織並掌控著宇宙，這表示我們的能量也是上帝的一部分，就像電能、光能，甚至太陽能一般。我們經由上帝與宇宙萬物連結，因爲一切都是上帝的一部分。上帝有沒有智慧？當然有。在宇宙所賴以存在的物理法則後面，蘊含著驚人的智慧。

如果把上帝視爲能量，將會對巧合形成一種新的思考。既然巧合是身體的能量依據我們的頻率吸了環境裡的能量或是排斥了環境能量之後的結果，就如兩種樂器調成同頻，可以奏出優美的樂章，若不同頻則發出刺耳難聽的噪音。所以，遇上正面的巧合時，好比與上帝同頻；遇上了負面巧合，則就像是與上帝唱反調。

上帝存在了，那麼它的相對物，魔鬼，存不存在呢？若上帝是能量，他的相對物是什麼？是「缺乏能量」。可是能量沒有相對物，沒有「反能量」這回事。以光爲例，若把電燈打開，房間裡就充滿了光能。把燈關掉，房間就變暗，這是因爲光源消失了。我們不會從燈泡獲得光的相反物；燈泡不會產生黑暗的能量。黑暗，只是因爲沒有光。從這種思惟來看，就沒有所謂的魔鬼。邪惡，是因爲缺乏善良，缺乏光。

「上帝是一種無法接收其相對物的光。」

——畢達哥拉斯

無論你想相信上帝是巧合後面的力量，或者相信巧合是能量互動的結果，或者相信其他的觀念，都沒有關係。本書的基本原則是：我們的直覺所提供的資訊，是正確而且眞實的；製造巧合的力量也是眞實的，沒有什麼是偶然發生的。藉著發展敏感度，並學著在巧合發生的時候就分析它隱藏的含意，我們便逐步建立起信心，這正是我們在準備運用直覺知識的時候所需要的靈性因素。

「人類、蔬菜與星塵，都隨著一支神祕的樂曲起舞。那樂曲由一位看不見的樂師在遠處吟詠。」——愛因斯坦

抽離

「當我們承認自己一無所知，這便可以開始探索一切。敞開胸懷接收一切新知。這種眞理相當值得！」——孟格姆（Roger Mangrum）

建立起信心之後，我們會開始用新的觀點看待人生。比起宇宙的大小和時間的長短，人的一生有如微塵，飄忽而逝，無人在意·，就像我們看不見身旁的細菌。人生似乎毫無意義。

但假如相信人生是有意義的，這種信心會讓我們了解什麼是人生裡最重要的事，如何照料自己與家人，關照社會。一旦感受到了自己的命運，並相信那是應當遵循的道路，我們便可把改善生活和嘉惠衆人作爲自己的人生目標。

人生會帶來苦處，好運與厄運如四季一般輪替。唯有從靈性的觀點來看待人生，才能保持平靜與淸醒，並運用直覺走在正途。能用更大格局超然看待人生，漸漸也就能旁觀自己的諸般感覺和情緒，用抽離的方式淡然面對，同時會漸漸熱中於實現人生目標，

踐履命運。

人生有高有低，有時歡喜有時悲傷，只有一件事是確定不變的：人生無常。這項體認，是一切成長學習的必要認知，也是我們遲早會出現的感慨。東方的聖哲教誨世人，不應執著於當下，因爲當下不久就會生滅變化。太過執著於恨、瞋或甚至愛與激情等的這些感覺，或者對於物質、夢想、感情、責任和其他事物的執著，會使人偏離正道，茫然於人生所爲何來，

我們要學著享受每一個時刻，把各種人生情勢看做是在反映我們生命歷程所處的位置、所成長的階段，以及爲了前進所需理解的巧合。這樣做可以讓人不執著，保持淡然，讓人可以運用自己的直覺力，把所接收到的資訊善加運用。

這種抽離的態度還能帶領我們用比較健康的方式面對難題，讓我們即使得不到夢寐以求的愛情或夢想的財富，也不至於太難過，因爲我們知道，失敗只表示我們還沒有準備好接受我們想望的事物，因爲時候未到。困難是一聲起床號，喚醒我們去進一步提升自我、多多努力與學習、鍛鍊耐心與毅力，以及最重要的是學著順其自然，聽天由命。勉強逾越了命運的界線，會招來危險。

空無

「聆聽你的舌頭，會令你耳聾。」

——美洲印第安 人諺語

對物質世界及感覺情緒的抽離,有助於屏除雜念（這是運用直覺的關鍵能力之一）。而屏除雜念的最佳方法之一是冥想。然而,我們無法時時冥想卻又同時要接收直覺訊息。怎麼辦呢?就運用本書所提到的工具，讓自己逐漸平靜，隨時留意自己的身心變化。先照顧好身體的需求，好讓你在身體狀況不佳的時候不會出現內心的干擾。你的身體不應該覺得疲憊、反胃、飢餓、不舒服或疼痛，卻應當覺得放鬆但又精力充沛，彷彿有無限的活力。你還要把前面討論過的情緒和能量的影響處理妥當，留意你的夢，並注意哪些東西在干擾著你。你的情緒應當覺得祥和，有一點興奮，像是墜入情網般的感覺，一種享受人生和期待新體驗的熱情。把自己照顧妥善，你就會平靜，達到空無的境地，從而更能運用直覺力。

當你是平靜的、滿足的，就沒有任何問題或挫折能困擾你。你到達了空無的境界，諸如疼痛、感覺、甚至起心動念等等變化，都很容易就能經由直覺向你傳達信息。如此，你便有能力了解環境裡的人或事如何影響你，也能採取行動自保。你會更留意環境裡的巧合事件，並立刻了解其含意。你漸漸把直覺力發展到了最高程度。

想把水倒入杯中，得先把杯子倒空。很多宗教信仰都教了一個道理：假如希望神讓我們美夢成眞，我們必須先放下自己不要的東西。我們必須空出兩手才能接受新事物。這種技巧在做卜杖求問法及製造巧合時非常重要，在提出問題之後，必須屏除雜念與感覺，達到空無，答案才會傳送進來。

對多數人來說，空無是很難達到的境界，需要努力與勇氣，也往往要付出代價。譬如感情關係出了問題，那就得分手，即使分手會傷害他們的伴侶，或者自己得形單影隻過日子。如果對事業感到不滿意，就得重新來過；年紀已長才重回校園拾起書本，使得收入銳減。若身體不健康，表示要放棄偏愛的食物，改變自己一向以來的不健康生活作息。這些挑戰都需要懷著信心來面對，相信自己一定可以棄舊迎新。

空無，也可稱爲清理。當這清理指的是放棄生活裡的內容，這樣大的風險需要以信心、心靈成熟度和慈悲胸懷來面對。

同理心

想找到可以改變人生的信心與勇氣，需要一份同理心，尤其是要憐惜你自己。爲了追求健全的人生，我們往往必須把自己從一份與人有關的關係中釋放出來，譬如脫離管教嚴苛的父母，或是一份無法讓我們發揮長才的事業等等重大改變。這項挑戰，許多人因為它很難做到而不願意嘗試。

如何看待這種放棄的態度？第一點，你的人生品質由你自己控制，因此你必須先愛你自己。如果你疼惜自己，你就會體認到：如果你不健康，就無法達成任何目標，包括照顧你所愛的人。你由卜杖求問法可以立刻找出哪一種生活方式可以為你帶來愛；做哪些改變才有幫助，這通常包括了你要對自己好一點。當你為了自己的健康與幸福而換了一種比較自私的生活態度時，你身邊的人往往無法接受。他們會說你變了，變得好自私，希望你回到原來的樣子，即使先前的你是不快樂的。唯有你用同理心看著自己，看著身邊的人，你才能走上改變之路……

從我們對能量的認識可以知道，當你不快樂又不健康，身上會帶著負面的能量，並對你身邊的人造成不良影響。若你採取行動致力於改變，將會改善你的生活品質，也就會對你身邊的人發揮正面的作用。假如有人阻擋你，不讓你過你應過的生活，而你堅持要做，你一開始會受到憎恨，因為他們不懂你為什麼要這樣。不過，經過一段時間，由於你的能量改善了，他們也會從你的能量中體驗到無形的益處。漸漸的，他們對你的厭恨感消弭了；雖然你已經走出了他們的生活，他們反而會敬佩你，並感激你為了讓自己也讓他們解脫所做的努力。他們會體認到，與你相處時的他們也那麼不快樂，於是，他會有勇氣去找更合適的人。你對你自己的慈悲，改變了別人，所以這也是對別人的慈悲。

懷抱著同理心，讓我們可以寬恕別人、原諒自己、更深刻地愛人，並眞正享受人生。因爲我們相信人生有一靈性的層面，而我們必須遵循一條道路前進，我們便不會依附在其他的人、事、物上面。我們發展出對萬物的愛與尊重，你說不定會開始考慮吃素——除非你也讀過某些研究，知道人的基因與植物的基因其實大同小異，植物也有情緒、記憶和生命。當你爲你對自己和大自然的憐惜之心找到了平衡點，你就創造了最適合你的生活方式。

行動

前面討論過，發生在你身上的事，反映了你體內的狀況。你能得到怎樣的健康與幸福，是你決定要過什麼樣的生活、你認爲你應該得到什麼，並與命運的設定加以平衡之後的結果。如果你肥胖、生病、失業、單身、寂寞、婚姻不睦、不知何去何從、沮喪、灰心失志，不覺得眼前的生活是你想要的人生，那麼，你非常需要這最後一個步驟：行動。

你必須採取積極行動，發展你的直覺，如此才能找出問題的癥結，正本清源，認清楚原因是出在身體上、情緒上、心智上、還是靈性層面。沒有人能幫你的忙，別人只能提供建議，但必須你自己努力認識自己，採取行動，你才可能解決自己的問題。

許多人確實會採取行動，努力改變——直到獲得了他們想要的事物，譬如一段戀情或更好的工作，然後就不再聽從自己的直覺了，也誤以為達成目標之後，從此無憂無慮。可是，他們後來總會驚訝，發現達成了目標還只是個開始。

人的身體與心靈和人生局勢，時時在改變。一項計畫的成功，意味著我們步上了正軌，然而那正軌也一直在改變——我們正需要直覺來引導我們，讓我們看出這正軌究竟通往何處，並設法一直維持在正軌上。除了在改變時需要採取行動，在追求目標時必須採取行動，也必須採取行動來讓自己維持在正軌，讓這條道路帶領我們前往無法預想的各種成功和幸福。

最後，跳一支迴旋舞……

選擇了要遵循直覺，要聽從巧合對你透露的話語，會帶領你走上全新的道路，它充滿難以預料的起伏轉折，這是一種神奇而刺激的生活，也是件不簡單的事，很容易因為幻想和情緒就分心。

你的思考方式與生活方式，從你出生那一刻便已設定。然而，你會受到社會、媒體和你周遭的人的負面影響，很容易就偏離正軌，不相信周遭事物，覺得茫然迷失，聽任負面情緒的擺佈。這特別容易發生在你面臨了阻礙的時候，或是必須做出痛苦決定的時候。在這些時候，你維持在正軌的能力，要仰賴你的靈性。然而沒有人是完美的，靈性智商很高的人也有脆弱的時刻。當你需要採取某種行動來重拾信心、重回正軌，這時，就該跳一支舞。

這時，你需要跳的舞，是中東的蘇菲教派（Sufism，一支古代回教教派）所發展出來的運動。他們有一種動態的冥想法：站在一個地點，然後開始旋轉，不斷旋轉。這項運動爲他們贏得「旋轉苦行僧」（The Whirling Dervishes）的稱號。他們在旋轉時，會聆聽鼓聲、笛聲等等民俗樂器所演奏的固定節奏。

你可以在家裡嘗試這種「巧合舞」，親身體驗我的論點。

請選擇節奏明顯而可以持續幾分鐘的音樂。

放鬆你的上半身，開始依你喜歡的方向旋轉。不要讓你的眼睛盯著任何東西，要讓景色從眼前閃過。聆聽音樂的節拍，並跟著旋轉。

在正常情況下，你旋轉幾圈後就會頭暈目眩，倒下來。如果你不理會你一開始的頭暈，一心跟著音樂起舞，你就能繼續旋轉。讓音樂引導你，告訴你該把腳擺在何處。不要低頭看腳，眼神保持著往水平方向看，並對看到的東西視若無睹。

旋轉幾分鐘之後，你會體驗到奇怪的現象：你忽然覺得你好像是站立不動的。彷彿你的眼睛在捉弄你，讓你誤以為你根本沒有在旋轉。你覺得你站立不動，而是世界在繞著你轉動。

你繼續旋轉，進入一種冥想的境界。你會看到你身旁的世界在旋轉，然而你不覺得頭暈。如果你分心，沒有注意音樂節拍而想起別的事，你就會頭暈然後跌倒。如果你強迫自己專注於節拍，並讓你的腳跟著節奏走，你就不會跌倒。

就這樣一直跳，跳到你的信心恢復——也就是你覺得滿心喜悅的時候，你可能會面帶微笑，可能會哭，也可能會毛髮直豎。一旦你得到了你要的感覺，就放慢速度。越轉越慢。慢到你可以站立不動而不會覺得頭暈。通常要花五分鐘左右才能完全停下來。許多人在跳這種旋轉舞的時候都不想停下來，會一直跳到精疲力盡為止。

你在跳這舞時會發現，是音樂的節拍使得你不致於跌倒。於是你會了解，生活中所見所思，其實都是幻覺，唯一眞實而能讓人走在正路的，是你的直覺與巧合，也就是人生的音樂節拍，是那些你聽得到但看不到的較高境界傳來的振動。這種強烈而穩定的節拍，讓旋轉者不會跌倒；同理，生活中穩定傳來的直覺訊息與巧合，引導著我們的人生不致於失敗……除非我們不再聆聽。你想到了這裡，身心便會再度充滿信心。

想眞正了解並發揮直覺力，我們必須學著不倚賴自己的感官，並改變我們對於一直以來認爲是事實的認知。我們不能因爲任何的念頭、渴望或焦慮而分心，以致於截斷了巧合傳送給我們的信息。若你信仰上帝，就當那是上帝傳送給你的音樂。

巧合說出了我們應當在何時何地踏出下一步，又應該往哪裡去。我們只要聽從它的指示，就不會遇上危險，也一定會獲得成功。如果我們分心，如果我們不照顧自己，不能保持平靜與空無，我們就會跌倒——希望我們不致於摔得太重，重到無法站起來再跳一次舞。

開發直覺和學習這套詮釋巧合的語言，可讓我們的心靈與宇宙連上線。是宇宙在透過巧合傳送資訊給我們，而那正是讓我們隨之起舞的音樂。

研判巧合的含意，可以讓我們擁有一種出於直覺的智慧，它將是我們一輩子的守護天使，讓我們常保健康，時時幸福。這些是旋轉舞給世人的道理和叮嚀。它是通往幸福快樂人生的心靈之路。至於我所說的到底是否屬實，只有一個辦法可以驗證：就去嘗試吧。

國家圖書館出版品預行編目資料

直覺力／藍寧仕（Dimitrios Lenis）著.
－－初版.－－臺北市：大塊文化，2006【民 95】
面；　公分.－－(kk ；4)

ISBN 986-7291-96-4(平裝)

1.直覺

176.19　　　　95000361

LOCUS

LOCUS

LOCUS

L O C U S